Gabriel Bunge

# DRACHENWEIN UND ENGELSBROT

Die Lehre des Evagrios Pontikos von Zorn und Sanftmut

Gabriel Bunge

# DRACHENWEIN UND ENGELSBROT

## Die Lehre des Evagrios Pontikos von Zorn und Sanftmut

2. überarbeitete und aktualisierte Auflage

Beuroner Kunstverlag

Bild Umschlagseite 1:

Abtei Saint-Germain-des-Prés, Paris, 9. Jahrhundert, „Stuttgarter Psalter", Stuttgart, Württembergische Landesbibliothek, Codex bibl. fol. 23, Ps 91(90),13.

„... super aspidem et basiliscum ambulabis & conculcabis leonem et draconem ..." – „... über Aspis und Basilisk wirst du gehen, und Löwe und Drachen wirst du niedertreten" Ps 91(90),13.

„[Christus] erlöst uns von Aspis und Basilisk, die der Praktike entgegenstehen, und er schützt uns vor Löwe und Drache, die der Kontemplation entgegenstehen" Ps 91(90),13.

Impressum

DRACHENWEIN UND ENGELSBROT
Die Lehre des Evagrios Pontikos von Zorn und Sanftmut
1. Auflage 1999; Verlag Christlicher Osten, Würzburg
2. Auflage 2018; Beuroner Kunstverlag, Beuron
*Gestaltung:* Katja Nida, Mainz
*Herstellung:* Beuroner Kunstverlag, D–88631 Beuron
info@beuroner-kunstverlag.de · www.klosterkunst.de
*Redaktion:* Jakobus Kaffanke OSB, Nikola Richter OSB
*Druck und Bindung:* orthdruk/Białystok

ISBN 978-3-87071-360-7

# Inhalt

## Vorwort zur 2. Auflage

Im Jahre 1999 erschien der von Vater Gabriel Bunge verfasste Band „Drachenwein und Engelsbrot" zum ersten Mal im Verlag „Der Christliche Osten" in Würzburg. Seit längerem schon war dieser Band mit dem Untertitel „Zur Lehre des Evagrios Pontikos von Zorn und Sanftmut" vergriffen. Da der Verlag „Der Christliche Osten" inzwischen geschlossen werden musste, freut es mich umso mehr, dass nun dieser Band und drei weitere wichtige Bände aus der Feder des Tessiner Eremiten im Beuroner Kunstverlag erscheinen. Nachdem bereits 2017 die bewährten Titel „Irdene Gefässe – Die Praxis des persönlichen Gebetes nach der Überlieferung der heiligen Väter" und „Akedia – Die geistliche Lehre des Evagrios Pontikos vom Überdruss" neu vorgelegt wurden, soll im Frühjahr 2018 dieser dritte Band dem Leserkreis zur Verfügung stehen. Für den Herbst dieses Jahres ist geplant, dass als vierter Band der beliebte und bereits in zahlreiche Sprachen übersetzte Text „Der andere Paraklet – Die Ikone der Heiligen Dreifaltigkeit des Malermönches Andrej Rubljov" von Vater Gabriel erscheinen wird. Damit sind dann vier weitere wichtige Texte zu Themen des frühen christlichen Mönchtums, die insbesondere für die aktuelle Spiritualität der Christen in Ost und West sehr wichtig und fruchtbar sein können, wieder verfügbar.

Wenn man sich das umfangreiche Werk von Vater Gabriel Bunge anschaut, das er in den fast vierzig Jahren seines eremitischen Lebens in den Tessiner Bergen geschaffen hat, dann kann man erkennen, was er für die Erschließung wichtigster Quellen des frühen christlichen Mönchtums in Ägypten und Syrien geleistet hat. Die im 3.–6. Jahrhundert entstandenen Schriften strahlen in alle christlichen Kirchen, insbesondere in deren monastische Traditionen hinein. In diesen Quellwerken christlicher Spiritualität werden die zentralen Fragen des Glaubens, der Kontemplation und des Gebetes behandelt. Der in vielen Jahrhunderten immer aufs Neue gepflegte Rückgriff auf diese Quellen beweist ihre immerwährende Frische und Kraft.

Vater Gabriel ergründet in diesem Band den Dämon, das Laster, die Sünde oder den „Gedanken" des Zorns. In der feingeschliffenen Lehre des Evagrios Pontikos, der auch „Theologe der Wüste" (+399) genannt wird, werden die Erfahrungen zahlloser Einsiedler der Nitria, Kellia und

Sketis ausgewertet und zusammengefasst. So ergibt sich eine Lasterliste, in der acht Hauptversuchungen verzeichnet sind, „denen jeder Mensch, je verschieden entsprechend seinem Stand, durch die Dämonen ausgesetzt ist". Es sind in aufsteigender Reihenfolge: 1. Fresslust (gastrimargia), 2. Unzucht (porneia), 3. Geldgier (philargyria), 4. Kummer (lype), 5. Zorn (orge), 6. Überdruss (akedia), 7. Ruhmsucht (kenodoxia), 8. Hochmut (hyperephania). Der Autor hat die oft in einem poetischen Stil verfassten Quellentexte in der Reihe „Weisungen der Väter" im Beuroner Kunstverlag insbesondere im Band 3 „Evagrios Pontikos – Über die acht Gedanken" und im Band 6 „Evagrios Pontikos – Der Praktikos" genauer analysiert und kommentiert. Insbesondere „Der Praktikos" beschreibt nicht nur das jeweilige Laster, seine Entwicklungen und Auswirkungen, sondern benennt auch die Heilmittel, liefert Hinweise auf die Therapie.

Der Zorn oder die Wut ist „eine wahnwitzige Leidenschaft", die die Seele vertiert und den Menschen mit bösen Gedanken erschüttert, heißt es im IV. Kapitel „Über den Zorn". Weiter heißt es: Eine zornlose Seele wird vom Zorn nicht mitgerissen und nichts ist ergötzlicher als eine friedvolle Verfassung. Sowie: Ein wütender Mönch ist eine einsame „Wildsau", ein langmütiger Mönch dagegen eine zur Ruhe gekommene Quelle. Und weiter: Der Sanftmut eines Mannes wird bei Gott gedacht (vgl. Ps 131,1) und eine zornlose Seele wird zum Tempel des Heiligen Geistes (vgl. Ps 118,131).

Vater Gabriel entwickelt in 12 Kapiteln Diagnose und Therapie einer für jeden Menschen gefahrvollen Gewohnheit oder Laster, vom Altvater Antonios dem Ägypter (+356) auch „Falle" genannt. Der Autor weist aber auch auf die Medizin hin, das Heilmittel um die komplementäre Gewohnheit, die Tugend der Sanftmut. Der Text ist gut und leicht lesbar, nimmt den aufmerksamen „Schüler" mit vielfachen Hinweisen auf eine Erfahrungsreise, bietet sprachliche Durchblicke und Verfeinerungen an, um die subtilen emotionalen, intellektuellen und spirituellen Nuancen sowohl im Zorn als auch in der Sanftmut wahrzunehmen.

Br. Jakobus Kaffanke OSB
*Klause St. Benedikt auf dem Ramsberg*

# Einleitung

## „Aggressivität“ – eine ganz natürliche Angelegenheit?

Die Welt, in der wir leben, ist seit jeher von Gewalt gezeichnet: Gewalt unter Personen, Gewalt selbst gegen ungeborenes Leben, Gewalt dann auch in den Beziehungen zwischen den Völkern, Gewalt schließlich gegen die Natur, gegen unsere Umwelt, von der doch unsere Existenz abhängt. Seit Kain seinen Bruder Abel erschlug, herrscht das Gesetz der Gewalt.

Die moderne Psychologie hat zwar versucht, diese allgegenwärtige „Aggressivität“, d. h. *Angriffslust*, als „natürlich“ und sogar als notwendig zu deuten. Gebessert hat sich dadurch jedoch nichts. Wohlmeinende Organisationen wie die UNO versuchen zwar, die allgemeine Gewalttätigkeit zwischen Völkern in Grenzen zu halten – bisweilen ebenfalls mit Gewalt. Die Aggressivität der Menschen hat dadurch indessen nicht nachgelassen, im Gegenteil. Es scheint eher, dass die Gewalt gegen Menschen und Sachen gerade in besonders zivilisierten und „friedliebenden“ Staaten unaufhaltsam zunimmt. Es ist, als ob „der Teufel losgelassen“ sei.

Und so ist es auch. „Die ganze Welt liegt in der Gewalt des Bösen“[1], nicht nur eines unpersönlichen „Bösen“, der „Bosheit“, sondern in der Gewalt des personalen Bösen schlechthin, des *Satans*. Das hören heute, wo manche offiziell „Abschied vom Teufel“ genommen haben, viele aufgeklärte Geister nicht gerne. Es riecht allzu sehr nach Obskurantismus und scheint der sich ausbreitenden „Kultur des Bösen“ nur Vorschub zu leisten. „Man soll den Teufel nicht an die Wand malen“, heißt es. Dabei ist es doch genau umgekehrt! Man muss das Böse in all seinen Formen und den Bösen selbst beim Namen nennen, denn nur so kommt man ihm auf die Schliche.

---

1 1 Joh 5,19.

Der Satan hat gewiss nichts dagegen, dass man von einer „natürlichen Aggressivität" des Menschen spricht, denn dahinter lässt sich vieles verbergen. Da diese Aggressivität im modernen Verständnis „natürlich" und damit im Grunde wertfrei ist, muss man halt mit ihr leben, was die meisten auch tun, zum Schaden aller, selbst in der Kirche. Befremdlich ist, dass dies bis zu einem gewissen Grad schon immer so war, auch als es den modernen Begriff „Aggressivität" noch nicht gab und man zwar vom „Jähzorn" (θυμικόν) als einem Vermögen der Seele sprach, doch „Zorn" (θυμός) und „Wut" (ὀργή) als Laster galten. Die Geschichte der Kirche, die doch eine Gründung dessen ist, der von sich gesagt hat, er sei „sanftmütig und demütig von Herzen", und der uns gelehrt hat, dass man eben *diese* Eigenschaften von ihm lernen solle,[2] ist voll von Gewalttätigkeit.

Dabei ist hier gar nicht an mittelalterliche Ereignisse wie Kreuzzüge oder Hexenverbrennungen gedacht, die in diesem Zusammenhang meist zitiert werden. Viel befremdlicher ist die Aggressivität auch vieler Männer der Kirche im Umgang mit ihresgleichen, namentlich dann, wenn der andere der Häresie überführt oder auch nur verdächtigt werden soll. Da finden selbst berühmte „Kirchenväter" nichts dabei, ihre ungezügelte Aggressivität wenigstens verbal auszuleben.

Ein prominentes Opfer dieser Aggressivität innerhalb der Kirche ist auch ein Mann geworden, der sich selbst viele Gedanken über den „Zorn" gemacht hat: Evagrios Pontikos (ca. 345–399)[3], Schüler zuerst Basileios' des Großen und Gregors von Nazianz, später dann als Mönch in der ägyptischen Wüste Makarios' des Großen und seines Namensvetters, des Alexandriners. Man findet bei Evagrios eine ausgefeilte Lehre vom Zorn, die es wert ist, bedacht zu werden. Denn Evagrios ist auch der große Lehrer des „Gebetes", des mystischen Lebens, von dem alle Späteren – direkt oder indirekt – abgeschrieben haben. Fehlgeleitete Aggressivität aber ist, was nur wenige je bedenken, die größte Fein-

2 Mt 11,29.

3 Zu Evagrios vgl. G. Bunge, Evagrios Pontikos. Briefe aus der Wüste, Trier, 1986, Einleitung A und B, 2. Auflage Beuron 2013.

din des geistlichen Lebens allgemein und die Todfeindin des Gebetes im Besonderen.

„Wenn es der erzböse Dämon trotz zahlreicher Versuche nicht fertig gebracht hat, das Gebet des Gerechten zu verhindern, dann zieht er sich ein wenig zurück und rächt sich dann an ihm, wenn er gebetet hat. Entweder macht er nämlich in ihm den durch das Gebet hergestellten vorzüglichen Zustand zunichte, indem er ihn zum Zorn entflammt, oder er verhöhnt den Intellekt, indem er ihn zu irgendeiner unsinnigen Lust aufstachelt".[4]

Es ist nicht meine Absicht, das Thema „Zorn" bei Evagrios etwa wissenschaftlich oder auch nur erschöpfend zu behandeln. Viel wichtiger erscheint es mir, die *geistlichen Erkenntnisse* herauszuarbeiten, zu denen der pontische Mönch gelangt ist, um sie für das eigene geistliche Leben nutzbar machen zu können. Denn was hilft es, kenntnisreich und „mit Vergnügen von den Taten der Väter zu sprechen, wenn man nicht auch von sich selbst verlangt, dieselben unter größten Mühen zu vollbringen"?[5] Das wäre mutatis mutandis wie beim Glauben der Dämonen: Er nutzt ihnen rein gar nichts.[6]

Indessen verstünde man Evagrios gänzlich falsch, ließe man es bei der bloßen Brandmarkung des Lasters bewenden. Die Leidenschaft hat, wie das Böse allgemein, kein Sein an sich. Sie setzt sich vielmehr stets nur wie eine „Krankheit" – das heißt ja πάθος auch – *sekundär*, parasitär auf die Seele und ihre Vermögen, die „von Natur aus", als Geschöpfe Gottes nämlich „gesund" sind.[7] Kurz, das Laster ist stets nur eine Pervertierung eines geschöpflichen guten Seins. So ist auch der Zorn nichts anderes als das widernatürliche Fehlverhalten eines der beiden zwar irrationalen, an sich jedoch guten[8] Vermögen der Seele, d. h. des

4 *Or* 48.
5 *Eul* 16.
6 Vgl. Jak 2,19.
7 Vgl. *KG* I,41; *Pr* 56.
8 Vgl. *Pr* 86.

„Jähzorns" (θυμικόν). Dessen „naturgemäßes" Wirken jedoch ist nichts anderes als die dem Laster entgegen gesetzte Tugend.

Man kann also das Laster weder begreifen noch wirksam bekämpfen, wenn man nicht zuvor die ihm entgegen gesetzte Tugend kennt. Diese aber erkennt man nur in dem Maße, wie man sie übt und sich zu eigen macht. Im Falle des Zorns ist diese Tugend die christliche Liebe (ἀγάπη),[9] die sich als Langmut, Geduld usw., für Evagrios aber vor allem als „Sanftmut" (πραότης) manifestiert.

Die sanftmütige Liebe bewirkt genau das, was der widernatürliche Zorn verhindert. Denn ist dieser ein Zerstörer der Kontemplation, weil er den Intellekt „blendet"[10], so macht ihn jene „Mutter der Erkenntnis"[11] zum „Kontemplativen"[12]. Und während der Zorn das Gebet unmöglich macht[13], „wird in der vollkommenen und geistlichen Liebe das Gebet ‚in Geist und Wahrheit' wirksam"![14]

Es steht also viel auf dem Spiel. Wer sich vom Zorn beherrschen lässt, verfehlt seine eigentliche geschöpfliche Bestimmung. Denn der Intellekt ist ja eben dazu erschaffen worden, dass er „erkenne"[15], und das Gebet, in dem die Erkenntnis Gottes zu ihrer höchsten Entfaltung gelangt, „ist die der Würde des Intellektes gemäße Tätigkeit, wahrlich der vorzüglichste und echteste Gebrauch desselben"[16]. Wer daher nach dem wahren Gebet strebt und zürnt oder grollt, muss wahnsinnig sein.[17] So wahnsinnig wie einer, der klar sehen möchte und sich mit einer eisernen Nadel selbst die Augen aussticht ...[18]

9 *Pr* 38.
10 *KG* IV,47; V,27.
11 *Ep* 27,2.
12 *Ep* 27,4.
13 *Or* 27.
14 *Or* 77.
15 *KG* I,50.87.89.
16 *Or* 84.
17 *Or* 65.
18 *Or* 65; *Gn* 5.

Was auf dem Spiel steht, ist unsere „Würde“ als mit Vernunft (λόγος) begabte Geschöpfe Gottes, die dank dieser Befähigung zu einer unmittelbaren, personalen Beziehung zu ihrem Schöpfer fähig sind. Denn was bliebe dem Menschen, wenn er diese seine eigentliche Bestimmung verfehlt?

# Das evagrianische Menschenbild

# I

# I Das evagrianische Menschenbild

Um die überragende Bedeutung zu verstehen, die Evagrios dem Zorn und mehr noch dessen Widerpart, der Liebe oder Sanftmut im geistlichen Leben zuschreibt, ist es nötig, sich zunächst jenes Menschenbild vor Augen zu führen, das dabei vorausgesetzt wird. Wir wollen uns hier zunächst mit den allgemeinen Linien begnügen, besondere Aspekte werden später eigens zur Sprache kommen.

Die Grundlagen des evagrianischen Menschenbildes sind, trotz dessen bisweilen stark griechisch-philosophischer Einkleidung, zutiefst biblischer Natur. Denn stets geht es um den Menschen, der in seinem „Intellekt" (νοῦς), seinem Personkern, „nach dem Bilde Gottes" erschaffen wurde,[1] eine Eigenschaft, die er auch als „gefallenes Bild"[2], als Sünder nicht verliert[3]. Allerdings bedarf dieser „alte Mensch, der gemäß den trügerischen Lüsten zugrunde geht"[4], zunächst einer fundamentalen „Erneuerung nach dem Bilde seines Schöpfers"[5], die ihn „in Christus" zu einer „neuen Schöpfung" macht,[6] ehe er für Gottes Gnade empfänglich wird. Diese „Erneuerung" geschieht in der heiligen Taufe.[7] Erst dieser „neue Mensch" wird – durch Sohn und Geist, deren „wahres Abbild" er ja ist[8] – zu einem „Empfänger der Erkenntnis des Vaters".[9]

Jener Mensch, von dem in der Folge die Rede sein wird, ist also stets der *Getaufte*, der „den nach Gott erschaffenen neuen Menschen angelegt hat"[10], auch wenn sein neues Sein stets vom Rückfall in die alten Laster bedroht bleibt. Dass Evagrios in diesem Zusammenhang fast aus-

1 Gen 1,27; *in Ps* 38,6 δ u. ö.
2 *Gn* 50.
3 *in Ps* 118,113 ν.
4 Eph 4,22.
5 Kol 3,10; *in Ps* 77,34 ι δ u. ö.
6 2 Kor 5,17.
7 *Ep. fid.* 11,9f.
8 *Ep. Mel.* 19.
9 *Ep. Mel.* 16.
10 Eph 4,24; *in Ps* 149,1 α.

schließlich von *Mönchen* spricht, darf nicht verwundern, hat er es doch bei seinen Lesern fast nur mit – in Gemeinschaft oder als Anachoreten lebenden – Mönchen und Nonnen zu tun. Der „Mönch" ist für Evagrios einfach der Prototyp des „neuen Menschen". Was den „Menschen" in diesem Sinn zu einem „Mönch" macht, ist, dass er sich zuerst von allen *Tatsünden* abkehrt. Sein „Intellekt" wird jedoch erst zum „Mönch", wenn er auch von den *Gedankensünden* frei geworden ist und „zur Zeit des Gebetes das Licht der Heiligen Dreifaltigkeit schaut"[11]. Entsprechend ist auch folgende, oft zitierte Definition des „Mönchs" zu verstehen:

> „Mönch ist, wer von allem getrennt und mit allen harmonisch vereint ist"[12].

Ebenso wenig wie der, der sich in unbewohnte Gegenden zurückzieht, schon deshalb ein „Anachoret" ist, sondern diesen Namen erst verdient, wenn er „in der im Geiste sich bildenden Welt fromm und gerecht lebt"[13], ebenso wenig genügt es, einfach „allein" zu leben, um ein „Mönch" zu sein. Zu der „Trennung" gehört ja die „harmonische Vereinigung mit allen"! Wie sich Evagrios diese „harmonische Vereinigung" denkt, lehren die folgenden „Seligpreisungen", die, wie die biblischen Anspielungen deutlich machen, für alle Christen gelten können, die diesen Namen wirklich verdienen.

> „Selig ist der Mönch, der alle Menschen als Gott nach Gott betrachtet."

> „Selig ist der Mönch, der bereitwillig das Heil und den Fortschritt aller mit lauterer Freude wie seinen eigenen ansieht."

> „Selig ist der Mönch, der sich selbst für den Auswurf aller hält".[14]

11 *Ant Prol* 7.
12 *Or* 124.
13 *Sk* 14.
14 *Or* 121–123.

Der geschichtliche Mensch ist für Evagrios „Geist in Leib" (νοῦς ἐνσώματος),[15] immaterielle, leiblose „Geistseele" (νοῦς)[16] in einem materiellen, „praktischen" Leib,[17] der ihm als „Instrument" (ὄργανον) zur Übung des Guten – aber auch des Bösen – dient.[18] Mit seiner „nach dem Bilde Gottes" erschaffenen Geistseele ragt der Mensch gleichsam in die göttliche Welt hinein, während ihn der materielle Leib mit dem diesem „verwandten" (und zugleich entstandenen: συγγενής) und ihn umgebenden sinnlichen Kosmos verbindet.[19]

Während der Leib – wie die gesamte materielle Welt – aus den vier Elementen besteht, ist die Geistseele gleichsam aus drei „Teilen" zusammengesetzt,[20] bzw. genauer, da diese tatsächlich eine Einheit bilden, aus drei „Vermögen" (δυνάμεις): dem rationalen (λογιστικόν), dem jähzornigen (θυμικόν) und dem begehrenden (ἐπιθυμητικόν).[21] Die beiden letztgenannten Vermögen, die wir ebenso wie den Leib mit den Tieren gemeinsam haben,[22] werden auch als „irrationaler Teil" der Seele zusammengefasst[23] und verallgemeinernd bisweilen „Seele" genannt,[24] das rationale Vermögen hingegen „Intellekt" (νοῦς). Jedes dieser drei Vermögen hat ein ihm eigenes natürliches Betätigungsfeld.

> „Gemäß der Natur wirkt die vernünftige Seele, wenn ihr begehrender Teil nach der Tugend strebt, der jähzornige für sie kämpft, und der rationale sich der Kontemplation der Geschöpfe widmet".[25]

Diese Harmonie ist nur möglich, wenn alle drei Vermögen nicht nur „naturgemäß", d. h. dem Willen des Schöpfers entsprechend wirken,

15 *Sk* 35.
16 *KG* I,46.
17 *KG* IV,82.
18 *Ep* 57,4.
19 *in Ps* 43,20 ι β.
20 *KG* III,59.
21 *Pr* 89.
22 *KG* VI,85; *Sk* 40; *M. c.* 18,7f.
23 *Pr* 84.
24 *in Ps* 107,3 β.
25 *Pr* 86.

sondern auch in gegenseitigem Einvernehmen. Verselbständigt sich nämlich der irrationale Teil, verliert der Mensch sein inneres Gleichgewicht und wird zum Opfer der Leidenschaften.

> „Ihr Zorn ist gleich dem der Schlange“:
> „Obsiegt der Jähzorn, ‚vertiert‘[26] die Seele, obsiegt das Begehren, dann wird sie zum ‚Pferd‘ oder zum ‚Maulesel‘[27]. Obsiegt hingegen der Intellekt, wird sie zum Engel[28] oder gar zu Gott“.[29]

Um diese widernatürliche Unruhe der „Hausgenossen“ des Intellektes[30] zu verhindern und die „innere Dreiheit durch das Band des Friedens zu einen“[31], muss die Ordnung unter den drei Vermögen der Seele herrschen, d. h. der Intellekt muss die ihm zustehende Führung übernehmen, weshalb er auch „Leiter“ (ἡγεμονικόν) genannt wird.[32] Denn wie der oben zitierte Text bereits deutlich macht, entsteht die Unordnung stets im *irrationalen* Teil der Seele, der daher ja als „leidenschaftlicher Teil“ bezeichnet wird.[33] Denn er vor allem ist empfänglich für die Leidenschaften, die Evagrios stets als „Erkrankungen“ (πάθη)[34] durch den Missbrauch von an sich Gutem[35] versteht. Aus diesem „leidenschaftlichen Teil“ steigt die Unordnung dann in der Seele auf und „verfinstert den Intellekt“[36].

Diese Anfälligkeit für die Leidenschaften rührt von der engen Verbindung zwischen den beiden irrationalen Vermögen und dem Leib – und damit der materiellen Wirklichkeit – her, die in uns Regungen des Begehrens

26 Vgl. Ps 48,13.21.

27 Ps 31,9; vgl. *in Ps* 75,7 ζ (Pferd und Maulesel sind biblische Vorbilder „leidenschaftlicher Menschen, die irrational zu dem getrieben werden, was sich nicht gehört, und nach den Weibern des Nächsten wiehern“, vgl. Jer 5,8).

28 Vgl. *KG* I,68 (im Engel herrschen Intellekt und Feuer vor).

29 *in Ps* 57,5 β. Zum Menschen als „Gott“ vgl. *Ep. fid.* 3,8ff („aus Gnaden“); *KG* IV,51.81; *in Ps* 5,7 γ (Zitat 4,L Ps 81,8).

30 *in Prov* 31,21 (Gehin 377).

31 Vgl. *Eul* 6.

32 *in Ps* 65,15 ζ.

33 *in Ps* 107,3 β.

34 Vgl. *KG* I,41.

35 *KG* III,59.

36 *Pr* 74.

und des Zorns auslösen kann, aber nicht notwendigerweise muss. An sich sind die materiellen Dinge dieser Welt als Geschöpfe gut und keineswegs ein Hindernis auf dem Weg zum Heil.[37] Allgemein gilt also: „Die Leidenschaften pflegen durch die Sinne angeregt zu werden".[38] „Ohne sinnliche Dinge widerfährt uns kein leidenschaftlicher Gedanke".[39] Der Auslöser liegt jedoch *in uns* selbst[40], bei unserer freien „Zustimmung"[41].

> „Das, wovon wir leidenschaftliche Erinnerungen haben, dessen Gegenstände haben wir auch vorher mit Leidenschaft aufgenommen. Und umgekehrt, jene Gegenstände, die wir mit Leidenschaft aufnehmen, von denen werden wir auch leidenschaftliche Erinnerungen haben ..."[42]

Dabei ist zu beachten, dass wir es im evagrianischen Verständnis hier nicht mit ausschließlich „psychologischen", innerseelischen Vorgängen zu tun haben. Denn „ziehen die Leidenschaften der Seele [auch] ihre Veranlassung aus den Menschen, die des Leibes aus dem Leib"[43] und seinen natürlichen Bedürfnissen, so stehen doch im Hintergrund, unsichtbar für uns,[44] die Dämonen, die uns durch ihre *Versuchungen* dazu reizen, die an sich natürlichen Dinge in Leidenschaften zu verkehren.[45] Allein eine wirklich geeinte und befriedete Seele ist vor diesen Nachstellungen sicher.

> „Derjenige, dessen Intellekt ‚allzeit beim Herrn'[46] ist, dessen jähzorniger Teil voll Sanftmut ist infolge des Gedenkens Gottes, und dessen Begehren gänzlich dem Herrn zuneigt, dem steht es zu,

37 *in Ps* 145,8 β.
38 *Pr* 38.
39 *M. c.* 24,5.
40 *Pr* 6.
41 *Pr* 75.
42 *Pr* 34.
43 *Pr* 35.
44 *KG* I,22.
45 *Pr* 34.
46 *Ps* 72,23.

unsere Feinde nicht zu fürchten, die ringsumher unseren Leib umzingeln".[47]

Nach diesen allgemeinen Feststellungen gilt es nun, genauer das Verhältnis zwischen den beiden irrationalen Vermögen, bzw. ihre jeweilige Beziehung zum Leib und zum Intellekt zu bestimmen. Gleichwie es „psychische" und „physische" (wörtlich: leibliche) Dämonen gibt,[48] die also jeweils die Seele oder den Leib befallen, so unterscheidet Evagrios, wie wir sahen, zwischen „Leidenschaften der Seele" und „Leidenschaften des Leibes", und zwar im Hinblick auf ihre jeweiligen Ursachen. Der Transmissionsriemen der letzteren ist, wie gesagt, der eng mit dem Leib verbundene „irrationale Teil der Seele".

„Prüfe mich, Herr, erprobe mich,
reinige im Feuer meine Nieren und mein Herz":

„Die ‚Nieren' sind ein Symbol des leidenschaftlichen Teils der Seele, d. h. des Jähzorns und des Begehrens, das ‚Herz' hingegen ist ein Symbol des rationalen Teils".[49]

An anderer Stelle unterscheidet Evagrios noch genauer zwischen Jähzorn und Begehren, und diese Differenzierung lässt uns die Schlüsselstellung besser verstehen, die der Jähzorn – als irrationales Vermögen und folglich auch die ihm eigenen Leidenschaften – im Gesamt der menschlichen Person einnimmt.

„Der jähzornige Teil der Seele ist mit dem Herzen verbunden, wo sich auch ihr rationaler (Teil) befindet, ihr begehrender Teil hingegen ist mit ‚Fleisch und Blut'[50] verbunden, insofern wir ja[51] den Zorn vom Herzen und die Bosheit vom Fleisch entfernen' sollen".[52]

---

47 *KG* IV,73.

48 *Gn* 31.

49 *in Ps* 25,2 α; vgl. 72,21 ι δ; 107,3 β.

50 1 Kor 15,50.

51 Vgl. *in Eccl* 11,10 (Gehin 72).

52 *KG* VI,84.

Die „Leidenschaften des Leibes entstehen aus den natürlichen Bedürfnissen des Leibes“,[53] wie Nahrung, Kleidung, Geschlechtlichkeit und dgl. Diese Leidenschaften lassen sich mit den entsprechenden Mitteln, vor allem der Enthaltsamkeit,[54] verhältnismäßig leicht heilen,[55] wie der strenge Asket Evagrios zuversichtlich feststellt. Sie sind „kurzlebiger“ als die Leidenschaften der Seele.[56]

Letztere ziehen nämlich ihren Ursprung nicht allein aus unserer eigenen Person, sondern aus unserem Verhältnis zu unseren Mitmenschen.[57] Die aus diesen zwischenmenschlichen Beziehungen entstehenden Leidenschaften aber wie Zorn, Wut, Groll, Hass, Neid, Missgunst, Verleumdung, aber auch Eitelkeit und Hochmut, „dauern bis ins Alter“[58]. Hier sind weit stärkere und für die gekränkte „Selbstverliebtheit“ (φιλαυτία), diese „Alleshasserin“[59], weit kostspieligere Heilmittel vonnöten. Allen voran ist dies die „geistliche Liebe“[60] in all ihren Erscheinungsformen, wie Sanftmut, Langmut, Güte und dgl. Zu Recht nennt Paulus[61] diese Liebe „groß“.[62]

Es ist leicht einzusehen, dass die Leidenschaften der Seele, wiewohl als solche an die Person des Mitmenschen gebunden, sich nur allzu oft auch an materiellen Objekten, die diese Mitmenschen besitzen oder die mit ihnen in Verbindung stehen, entzünden können. Sie regen in irgendeiner Form unsere Begehrlichkeit an, und die liefert dem Zorn den Stoff.[63]

Der Jähzorn nimmt in diesem Gefüge eine eigentümliche Zwischenstellung ein, denn einerseits gehört er zum „leidenschaftlichen Teil der

53 *Eul* 23.
54 *Pr* 35.
55 *Pr* 36.
56 Vgl. *Ep* 25,3.
57 *Pr* 35.
58 *Ep* 25,3.
59 *Sent* 48.
60 *Pr* 35.
61 1 Kor 13,13.
62 *Pr* 38.
63 *Or* 27.

Seele“, andererseits ist er aber auch, ebenso wie der rationale Teil, mit dem „Herzen“ verbunden, d. h. mit dem Intellekt als dem Personkern des Menschen. Was geschieht nun, wenn der Jähzorn, aus welchen Gründen auch immer, „entflammt“ wird?

> „Der erregte Jähzorn blendet den Schauenden ...“[64]

d. h. den Intellekt, das „intelligible Auge“ der Seele.[65] Die Leidenschaften des Zornes berauben ihn nämlich des göttlichen „Lichtes“, d. h. der Erkenntnis,[66] und damit seiner ureigensten Funktion.[67] Daher gilt auch umgekehrt:

> „Erst dann widmet sich der Intellekt den intelligiblen Wirklichkeiten, wenn er nicht mehr von den Gedanken des leidenschaftlichen Teils der Seele bestimmt[68] wird“.[69]

Dies gilt vor allem von Gedanken des jähzornigen Teils, der ja eine Schlüsselstellung zwischen Begehren und Intellekt einnimmt. Auf die Zornessünden und ihre Folgen, ebenso wie auf die entsprechenden Heilmittel werden wir noch ausführlich eingehen. Hier ging es uns nur darum, uns eine Vorstellung von dem Menschenbild des Evagrios zu machen, um die Bedeutung zu ermessen, die dem Zorn darin zukommt.

> „Wenn von allen Vermögen der Seele der rationale Teil der kostbarste ist, dieser aber allein von der Weisheit[70] bestimmt[71] wird, dann ist

64 *KG* V,27.
65 Vgl. *Or* 27.
66 *KG* VI,83.
67 *in Ps* 145,8 β.
68 ποιῶται = eine bestimmte ποιότης (Qualität) erhalten. So öfter bei Evagrios, vgl. *Pr* 30.39.42.58; *Or* 30.
69 *KG* VI,55 gr.
70 S. o. Anm. 68.
71 $S_1$ und S: Erkenntnis.

> also die Weisheit die erste aller Tugenden. Diese nannte nämlich unser weiser Lehrer[72] auch den Geist der Sohnschaft".[73]

Das Menschenbild des Evagrios ebenso wie seine Spiritualität ist eindeutig vom *Primat des Geistes* bestimmt. Im Mittelpunkt steht der „Intellekt" (νοῦς), der nicht mit unserer ratio gleichzusetzen ist, sondern – biblisch gesprochen – den „inneren Menschen" bezeichnet,[74] der „nach dem Bilde Gottes"[75] erschaffen und auch „in Christus"[76] durch die Taufe „nach dem Bild seines Schöpfers zur Erkenntnis erneuert"[77] worden ist. Denn allein dieser „Personkern" des Menschen ist ja zu einer „unmittelbaren"[78] Gottesbeziehung fähig. Dieser Primat des Geistigen bedeutet keine Herabsetzung des Leibes, die Evagrios bereits durch seine entschiedene Frontstellung gegen die manichäische Leibfeindlichkeit verbot.[79] Er hat auch keine Vernachlässigung der beiden, eng mit dem Leib verbundenen „irrationalen Vermögen" der Seele zur Folge. Eher ist das Gegenteil der Fall. Denn Evagrios schreibt der „Gesundheit"[80] dieses „leidenschaftlichen Teils" eine überragende Bedeutung zu, eben weil es ihm um die Wiederherstellung des „natürlichen Wirkens" des rationalen Teils geht. Da diese „innere Dreiheit" aber eine Einheit bildet, aus der kein Teil herausgelöst werden kann, jedenfalls nicht solange wir in diesem Leib sind, hängt das „natürliche Wirken der vernünftigen Seele"[81] unentrinnbar von dem geordneten Wirken eben dieser beiden irrationalen Vermögen ab.

> „Ihr Ehemann sorgt sich nicht um die Hausgenossen, wenn er irgendwo aufgehalten wird, denn alle, die bei ihr sind, sind bekleidet":

72 Gregor von Nazianz, *Oratio* 31,29 vgl. 21,6.

73 *KG* VI,51 gr. Letztes Zitat: Röm 8,15.

74 Vgl. G. Bunge, „Nach dem Intellekt leben". Zum sog. „Intellektualismus" der evagrianischen Mystik. „Simandron – Der Wachklopfer", FS K. Gamber, Köln 1989, 95–109.

75 *in Ps* 38,6 δ.

76 *in Ps* 44,4 γ.

77 *M. c.* 3,35; *Ep. Mel.* 16.

78 *Or* 3.

79 Vgl. *KG* IV,60; *in Prov* 20,12 (Gehin 215).

80 Vgl. *Pr* 56.

81 *Pr* 86.

> „Der Intellekt vermag nicht voranzuschreiten noch zur Kontemplation der Körperlosen zu gelangen, wenn er nicht [zuvor] seine inneren Angelegenheiten in Ordnung gebracht hat. Denn das Durcheinander der ‚Hausgenossen' [Jähzorn und Begehren] pflegt ihn dorthin zurückkehren zu lassen, von wo er ausgezogen war. Hat er aber die Leidenschaftslosigkeit erlangt, dann ‚verweilt' er in der Kontemplation und ‚sorgt sich nicht um die Hausgenossen'. Denn der Jähzorn ist mit Sanftmut und Demut ‚bekleidet', und das Begehren mit Besonnenheit und Enthaltsamkeit".[82]

Das Ziel der Leidenschaftslosigkeit ist nichts anderes als die Wiederherstellung des natürlichen, d. h. schöpfungsgemäßen Wirkens *aller drei* Vermögen der Seele. Was Wunder also, dass die Dämonen alles daran setzen, eben dies zu verhindern.

> „Unser wider die Natur erregter Jähzorn ist der Absicht der Dämonen äußerst hilfreich und jeglicher ihrer üblen Machenschaften äußerst nützlich. Deshalb versäumt es auch keiner von ihnen, diesen bei Nacht und bei Tag zu verwirren. Doch wenn sie ihn durch die Sanftmut angebunden sehen, dann lösen sie ihn sofort unter [scheinbar] gerechten Vorwänden los, damit er, aufs heftigste erhitzt, auch nützlich sei für ihre bestialischen Gedanken.[83] Deshalb ist es nötig, ihn weder für gerechte noch für ungerechte Dinge zu erregen, noch den [uns dies] einflößenden [Dämonen] ein übles Schlachtschwert zu geben, was viele oft tun, ich weiß, indem sie sich, mehr als sich geziemt, selbst an geringfügige Vorwände hängen".[84]

Gewiss versuchen die Dämonen uns zu *allen* Leidenschaften zu verführen, doch zu denen des Zornes scheinen sie ein besonderes Verhältnis zu haben. Warum wohl? Dieser Frage gilt es nun nachzugehen.

---

82 *in Prov* 31,21 (Gehin 377).

83 Der Jähzorn ist der „Wachhund" der Seele (vgl. *M. c.* 5,14.25ff; *Sk* 9.10), den man also fest an der Kette halten muss.

84 *M. c.* 5,1–12.

# Das Laster der Dämonen

# II

## II Das Laster der Dämonen

Hätte man Evagrios gefragt, welches Laster nach seinem Dafürhalten wohl von allen das schlimmste sei, welches für das geistliche Leben die weitreichendsten Folgen habe, so hätte er wohl ohne Zögern geantwortet: der Zorn. Und zwar aus einem einfachen Grund:

> „Kein anderes Übel macht den Menschen nämlich so zum Dämon wie der Zorn".[1]

Gewiss sind *alle* Laster letztlich dämonischen Ursprungs. Vor allem die beiden letzten der Liste der acht „generischen Gedanken"[2], Eitelkeit und Überheblichkeit, sind nicht nur die auch für unser Empfinden hässlichsten Leidenschaften, sie haben auch einen ausgesprochen „dämonischen" Charakter, ist doch der mit der Eitelkeit eng verbundene Hochmut „der erste Sprössling des Teufels"[3]. Mehr noch, der „Hochmut ist jenes Erzübel, das den ‚Luzifer [selbst], der in der Frühe aufgeht'[4], auf die Erde schleuderte".[5] Daher ist auch der *menschliche* Hochmut wie sein Gefährt, der eitle Ruhm, vor allem ein Laster der Vollkommenen, die sich einbilden, aus eigener Kraft die Höhen des geistlichen Lebens erklommen zu haben. Er stellt sich somit meist erst am Ende ein, um dann allerdings den tiefsten Fall, bis hin zu Wahnvorstellungen zu verursachen. Interessanterweise folgt ihm jedoch oft auch wieder der Zorn,[6] was ebenfalls ihren gemeinsamen „dämonischen" Charakter deutlich macht. Der Zorn selbst aber, weil eine Pervertierung eines unserer natürlichen Vermögen,[7] belauert den Menschen auf allen Stufen des geistlichen Lebens. Was macht ihn nun so ausgesprochen „dämonisch"?

---

1 *Ep* 56,4 gr.
2 *Pr* 6., s. u. Kap. III.
3 *M. c.* 1,12.
4 Jes 14,12.
5 *Pr* Prol [21].
6 *Pr* 14.
7 *KG* III,59.

> „Ein Dämon ist eine vernünftige Natur, die um der Menge des Zornes willen von der Praktike abgefallen ist".[8]

Es ist also nur folgerichtig, wenn Evagrios lakonisch feststellt: „Wer den Zorn beherrscht, der beherrscht die Dämonen"[9]. Die obengenannte Definition erklärt sich folgendermaßen: Bei jedem vernunftbegabten Wesen – Engel, Mensch oder Dämon – gibt es eine „vorherrschende" Eigenschaft, die sein ganzes *Verhalten* bestimmt. Beim Dämon ist es eben der „Zorn" (θυμός), wie Evagrios – stets in einem „intelligiblen und geistlichen Sinn" verstandenen[10] – Heiligen Schrift entnommen hat:

> „Gott, du ... mein Befreier von meinen wütenden Feinden":
>
> „Jene, bei denen der Zorn vorherrscht, bei denen herrscht auch die Wut vor. Wenn aber unsere ‚Feinde wütend' sind, dann sind unsere Feinde also zornig. Es heißt ja[11]: ‚Ihr Zorn gleicht dem der Schlange', und[12] ‚als ihr Zorn wider uns wütete' ".[13]

Die „Feinde" sind natürlich die Dämonen, „in denen der jähzornige Teil vorherrscht".[14] Diese Bosheit ist den Dämonen keineswegs von Natur aus eigen,[15] sonst wäre ja Gott selbst der Urheber des Bösen. Sie ist vielmehr die Folge einer „bösen Willensentscheidung", die jene „Veränderung" in ihrer Existenz bewirkt hat, der zufolge sie zu „widrigen Mächten" geworden sind.[16] Im Verständnis des Evagrios ist also der Zorn – wie jedes Laster – mitnichten „natürlich", sondern ganz im Gegenteil „widernatürlich", der eigenen geschöpflichen Natur zuwider!

---

8 *KG* III,34.
9 *M. c.* 13,1.
10 *in Prov* 23,1.3 (Gehin 251).
11 Ps 57,5.
12 Ps 123,3.
13 *in Ps* 17,49 κ ε.
14 *in Prov* 5,9 (Gehin 60); vgl. *KG* I,68 u. ö.
15 *KG* V,47.
16 *Ep. fid.* 10,15ff; vgl. *in Prov* 2,17 (Gehin 23).

Die Bosheit eines „vernunftbegabten Wesens“, also des Menschen, liegt somit nicht in seinem „Sein“ (οὐσία) begründet, sondern stets in seinem „Verhalten“ (ἕξις), das eine Eigenschaft[17] (ποιότης) ist, die man erwerben (oder auch verlieren) kann. Da es sich nun beim „widernatürlichen Zorn“[18], wie gesagt, um den Missbrauch eines an sich guten Vermögens handelt,[19] kann folglich auch ein Mensch durch sein bösartiges Leben zu einem Dämon werden, sei es nach dem Tode,[20] sei es auch schon zu Lebzeiten.

> „Wenn wir im Mutterleib geformt werden, leben wir das Leben der Pflanzen; geboren, das der Tiere, und herangewachsen, das der Engel oder der Dämonen. Der Grund des ersten Lebens ist die beseelte Wesenheit, der des zweiten, die Sinne, der des dritten die Tatsache, dass wir sowohl für die Tugend als auch für das Laster empfänglich sind“.[21]

Wobei Evagrios – wieder in antidualistischer Formulierung – ausdrücklich feststellt, dass wir die „Samen der Tugend“ seit unserer Schöpfung in uns tragen, die des Lasters hingegen nicht.[22] Sie entstehen, wie oben gesagt, aus einer „bösen Willensentscheidung“. Gott allein ist wesenhaft gut und keines Gegensatzes fähig,[23] jede vernünftige Natur hingegen ist „für einen Gegensatz empfänglich“[24], weil sie ja nicht nur ihr Sein, sondern auch ihr Gutsein empfangen hat. Empfänglichkeit aber bedeutet Veränderlichkeit,[25] den eigenen „Zustand“ zu verbessern oder auch zu verschlechtern, indem man aufgrund seines *Verhaltens*, seines Lebens, ein „Engel“ oder ein „Dämon“ wird.

---

17 *in Ps* 70,4 β.
18 *Pr* 24.
19 Vgl. *KG* III,59.
20 Vgl. *KG* V,11; *in Ps* 1,5 u. ö.
21 *KG* III,76 gr. u. syr.
22 *KG* I,39.
23 *KG* I,1.
24 *KG* I,64.
25 *Ep. fid.* 10,15.

> „Meine nicht, ein Dämon sei etwas anderes als ein zornerfüllter Mensch, der der sinnlichen Wahrnehmung entgeht!“[26]

Denn auch die Dämonen haben ja einen Körper, auch wenn dessen Zusammensetzung von anderer Art ist als die unserer Körper, weshalb sie denn auch nicht unter unsere Sinneswahrnehmung fallen. Was manchen Menschen als Dämon erscheint, ist nichts weiter als ein Trugbild, ein zur Täuschung angenommener fremder Körper.[27]

> „Wer sich zwar der Speise und des Trankes enthält, jedoch durch böse Gedanken den Zorn aufreizt, gleicht einem Schiff auf hoher See, das einen Dämon zum Steuermann hat“.[28]

Diese Einsicht ist leicht nachzuvollziehen. Nach dem Gesagten ist jedoch deutlich geworden, dass ein Mensch, der sich von dem dämonischen Laster des Zornes beherrschen lässt, durch dieses sein Verhalten sogar selbst zu einem „Dämon“ wird. Wie stets, beruft Evagrios sich auch hier auf die Heilige Schrift.

> „Über mich sangen beim Saitenspiel die Weintrinker“:
> „Dieser ‚Wein‘ bedeutet[29] den ‚Zorn der Drachen‘ “.[30]

Der Zorn ist daher jener „Drachenwein“[31], dessen sich der wahre „Nasiräer“, der Mönch, gänzlich zu enthalten hat,[32] wie Evagrios Num 6,3 entnahm.

> „Der Wein ist ein zuchtloses Ding und frech die Trunkenheit“: „Wenn ‚der Zorn der Drachen ihr Wein‘ ist,[33] der ‚Wein‘ aber ‚ein zuchtloses Ding ist‘, dann ist der Zorn ein zuchtloses Ding, das die

26 *Ep* 56,4.
27 *KG* I,22; V,18.
28 *M. c.* 13,15–18.
29 Vgl. Ijob 20,16.
30 *in Ps* 68,13 η.
31 Vgl. Dtn 32,33.
32 *KG* V,44.
33 Dtn 32,33.

> Menschen zuchtlos macht, und ‚frech' ist die Wut. Diese Trunkenheit pflegt durch das Kochen des [Jäh]zornes zu entstehen. Wenn nun die Nasiräer sich dem Gesetz des Weines enthalten, dann ist also den Nasiräern geboten worden, frei von Zorn zu sein".[34]

Es ist gewiss allgemein bekannt, dass „man vor Wut kochen kann". Dass man aber von diesem hochprozentigen „Drachenwein" nicht nur betrunken, sondern selbst zu einer „Schlange"[35], zu einem Dämon werden kann, bedenken leider nur sehr wenige. Dabei kommt die Rede von der „tierischen Wut" unbewusst der Wirklichkeit schon recht nahe.

> „Ihr Zorn ist gleich dem der Schlange":

> „Obsiegt der Zorn, dann vertiert die Seele"[36],

d. h. sie wird zum Dämon, ist doch das „wilde Tier" (θηρίον) das biblische Symbol für den Dämon,[37] dessen „vorherrschender" Zug ja gerade der wilde, tierische und damit irrationale Zorn ist.

> „Liefere die Seele, die dich bekennt, nicht den wilden Tieren aus":

> „Wenn die Dämonen ‚wilde Tiere' genannt werden, in den wilden Tieren aber der Zorn vorherrscht, dann herrscht also in den Dämonen der Zorn vor. Auch bei Ijob[38] heißt es: Die wilden Tiere des Feldes werden in Frieden mit dir sein".[39]

Während es doch das Ziel des geistlichen Lebens ist, den Menschen zu einem „fast angelischen Zustand"[40] zu erhöhen, ja „engelgleich"[41] zu

34 *in Prov* 20,1 (Gehin 206).
35 *Ep* 56,5.
36 *in Ps* 57,5 β.
37 *KG* I,53.
38 Ijob 5,23.
39 *in Ps* 73,19 θ.
40 *in Ps* 118,171 ο θ.
41 *Or* 113, s. u. Kap. XI.

machen, erniedrigt ihn der Zorn unter seinen natürlichen Zustand, „vertiert" (ἀποθηριοῖ) ihn und macht ihn zu einem „Dämon"...

Die allegorische Schriftauslegung, der Evagrios seine Einsichten über das Wesen der Dämonen verdankt, ist manchem modernen Leser vielleicht nicht mehr so ohne weiteres zugänglich. In einem Brief weist Evagrios jedoch einmal auf einen Zusammenhang hin, der auch heute noch aufhorchen lässt. Er ermahnt dort einen gewissen Aidesios, er solle „seinen Zorn bändigen, der ein ‚Judas' ist, welcher den Intellekt den Dämonen ausliefert".[42] Gemeint ist hier jener Judas Iskariot, einer der von Christus selbst ausgewählten[43] zwölf Apostel,[44] den der Herr in einem dramatischen Augenblick und mit Blick auf seinen späteren Verrat einen „Teufel" nannte![45]

Dieser Verrat des Judas ist ein geheimnisvolles Geschehen, das schon die ersten Christen zutiefst bewegte und auch heute noch beunruhigt. Evagrios deutet nun an, dass Judas seinen Herrn *aus Zorn* an seine Todfeinde auslieferte. Wie mag er dazu kommen? Fragen wir zuerst nach dem, was die Evangelien selbst über Judas sagen.

Judas Iskariot gehörte als „einer der Zwölf" zu jener kleinen Gruppe von Jüngern, die Jesus besonders nahestanden. Diesen Zwölf hat der Herr vieles anvertraut, was er den anderen, den „Außenstehenden", nur in Gleichnissen darlegte.[46] Sie begleiteten ihn während der ganzen Zeit seines öffentlichen Wirkens, dessen privilegierte Zeugen sie damit wurden. Judas verließ diese Gruppe aus eigenem Antrieb erst kurz vor dem Tode Jesu, den er selbst verschuldete, indem er den Meister an die Hohenpriester verriet und verkaufte.[47]

42 *Ep* 6.4.
43 Joh 6,70.
44 Mt 26,14 u. ö.
45 Joh 6,70f.
46 Mk 4,11.
47 Mt 26,14ff par.

In diesem Zusammenhang fällt bei Lukas ein Wort, das unvermittelt ein Schlaglicht auf die finsteren Hintergründe dieses Verrates wirft. „Es fuhr aber der Satan in Judas ...“[48] Auch bei Johannes heißt es, „der Teufel habe Judas ins Herz gegeben“, den Herrn „zu verraten“[49]. Etwas später, während des Letzten Abendmahls, heißt es erneut, der Satan sei in Judas „gefahren“, und zwar als er den Bissen aus der Hand des Herrn annahm.[50]

Die Evangelisten Lukas und Johannes sind also der Ansicht, dass der eigentliche Drahtzieher des Verrates „Satan“, der „Teufel“ war, jener „Menschenmörder von Anfang an“, den Christus daher auch als den eigentlichen „Vater“ jener Juden brandmarkt, die ihn ermorden wollen.[51] Doch wie ist es dazu gekommen, dass der Satan gerade in Judas jenes Werkzeug fand, dessen er für seinen Mord auch an dem „zweiten Adam“ bedurfte? Was geschieht überhaupt, wenn ein Mensch zum Teufel wird? Die Frage muss gestellt werden, denn Judas ist ja nicht der einzige, den Christus als Teufel bezeichnet. In einem nicht minder dramatischen Augenblick nennt er Petrus, einen der drei ihm am nächsten stehenden Apostel, einen Satan![52]

Der Fall des Petrus gibt uns einen wichtigen Hinweis zum Verständnis dieses unheimlichen Geschehens. Als Jesus erstmals offen von seiner bevorstehenden *Passion* spricht, versucht ihn Petrus, in bester Absicht, so scheint es, davon abzuhalten. Christus fährt ihn daraufhin an und nennt ihn einen Satan, weil er „nicht denkt, was Gottes, sondern was des Menschen ist“![53] Genau dieser Zusammenhang wird auch bei Johannes vorausgesetzt. Als Jesus in seiner berühmten „harten Rede“ kaum verhüllt auf seinen bevorstehenden gewaltsamen Tod anspielt, sind viele Jünger schockiert und verlassen ihn. Petrus bekennt sich damals im Namen der Zwölf zu ihm als dem „Heiligen Gottes“. Christus

48 Lk 22,3.
49 Joh 13,2.
50 Joh 13,27.
51 Joh 8,44.
52 Mt 16,23 par.
53 Ibid.

deutet jedoch an, dass Judas, der ihn nicht verlassen hatte, diesen Glauben bereits verloren hatte – und ein „Teufel" geworden ist.[54]

Der Stein des Anstoßes ist also, nicht nur für Petrus und Judas, sondern wohl für alle Jünger,[55] die Passion Christi, das *Kreuz*. Sie sahen in Christus zunächst einen rein „menschlichen", innerweltlichen Messias, einen politischen Befreier Israels, und verbanden mit diesem „Glauben" sehr eigensüchtige Hoffnungen, nicht nur Judas, von dessen *Geiz* wir hören,[56] und Petrus, sondern z. B. auch die beiden Söhne des Zebedäus.[57] Solche politischen Hoffnungen erscheinen uns „menschlich" und damit verzeihlich, Christus hingegen nennt sie „satanisch", „teuflisch", weil *widergöttlich*. Ganz wie der Apostel von einer „Weisheit" spricht, die „irdisch, sinnenhaft, dämonisch" ist[58] – alles auf ein und derselben Stufe.

Wenden wir uns nun wieder Evagrios zu. Die Tatsache, dass Christus selbst in einem entscheidenden Augenblick, da es um das Wesen seiner eigenen Mission geht, sowohl Petrus, als auch Judas Iskariot einen „Satan" bzw. „Teufel" nennt, da sie diese Mission vollkommen verkennen, ihn sogar von seinem Weg abzubringen versuchen, führt uns zu dem geheimen Motiv des Verrates des Judas. Jenes hohe angelische Wesen, das einst einen beneidenswerten Platz unter den „Bäumen des Paradieses"[59] einnahm, kam zu Fall, ging seiner „angelischen Würde verlustig und wurde zum Teufel"[60], weil es sich dem Laster des *Hochmutes* (ὑπερηφανία) ergab und sprach: „Ich werde meinen Thron über die Sterne stellen. Ich werde dem Höchsten ähnlich sein"![61] Anstatt in „dankbarem Bekennen Gottes" und „wahrer Erkenntnis der Natur" die eigene *Geschöpflichkeit* anzuerkennen, und in „machtvollem Einge-

54 Joh 6,70f.
55 Lk 8,23; 24,21.
56 Mt 26,15 par; Joh 12,6.
57 Mt 20,20ff.
58 Jak 3,15.
59 Ez 31,9.
60 *Ep. fid.* 10,15ff.
61 Jes 14,12f; vgl. *in Prov* 2,17 (Gehin 23).

ständnis *demütig* [seine] Schwachheit“[62] anzuerkennen, dass die eigene Heiligkeit ein „erworbenes“ Gut ist,[63] nicht eigener Besitz, erhob sich dieser Engelsfürst nicht nur über die „Sterne“, sondern groteskerweise selbst über seinen Schöpfer. Und der, der „dem Allerhöchsten ähnlich sein“ wollte, wird auch den Menschen, der dazu bestimmt ist, „Gott ähnlich“ zu sein,[64] dazu verleiten, *eigenmächtig* „wie Gott“ sein zu wollen![65]

Jenes Wesen, das also den „Anfang“ zu jener „Bewegung“ gemacht hat,[66] die „das Siegel der Ebenbildlichkeit und den Kranz der Schönheit“[67] vom Himmel auf die Erde schleuderte,[68] offenbart nun die *geheime Triebfeder* seiner „bösen Willensentscheidung“. Denn es ist jetzt „entflammt von großem Zorn“[69] und sein Symbol ist die „Schlange“, der „Drachen“. Sein Hass richtet sich zuerst auf den „zweiten Adam“[70], der gekommen ist, das „gefallene Bild“[71] wieder aufzurichten und zu seiner ursprünglichen Bestimmung, der „Ähnlichkeit mit Gott“ zu führen.[72] Sobald er seiner ansichtig geworden ist, drängt er den, der von sich gesagt hat, er sei „sanftmütig und demütig von Herzen“[73], erst in eigener Person,[74] dann durch seine vertrautesten Jünger dazu, seine wahre Mission zu verraten und eigenmächtig sein Reich *in dieser Welt* zu errichten.

Zorn und „Neid“[75] des gefallenen Engelsfürsten richten sich dann auch wider all jene, die der „von Herzen demütige und sanfte“ Messias durch

62 Vit Supplement ed. J. MUYLDERMANS, Le Muséon 54 (1941) 5.
63 *Ep. fid.* 10,17f.
64 Gen 1,26; 1 Joh 3,2.
65 Gen 3,5.
66 *KG* VI,36.
67 Ez 28,12.
68 *M. c.* 14,11ff.
69 Apg 12,12.
70 Vgl. 1 Kor 15,45.
71 *Gn* 50.
72 *Ep. Mel.* 62.
73 Mt 11,29.
74 Mt 4,1ff; vgl. *M. c.* 1,17ff.
75 Weish 2,24.

seine vollkommene Selbstentäußerung bis ans Kreuz[76] erlösen wird. Sein erstes Opfer fand er in Judas. Warum wohl?

Wir sahen schon, dass zwischen Hochmut und Zorn eine geheime Verbindung besteht. Eine solche besteht jedoch auch zwischen Hochmut und *Geiz*, jenem Laster, dem sich Judas nach dem Zeugnis der Evangelisten ja ergeben hatte. Evagrios findet für diese Verbindung einen Hinweis in der *Versuchungsgeschichte* Jesu selbst.

> „Niemand entflieht dem Hochmut, dem ersten Sprössling des Teufels, der nicht die ‚Wurzel aller Übel, den Geiz'[77] verbannt hat, sofern nach dem weisen Salomon[78] ‚die Armut den Mann demütigt' ".[79]

Der Geiz gehört zu jenen drei Versuchungen, durch die der Teufel Christus in der Wüste zu Fall zu bringen versuchte. Wer ihnen – oder einer von ihnen – erliegt, wird auch für die anderen empfänglich![80] Dies erklärt nun auch den Fall des Judas Iskariot.

> „Der Teufel stehe zu seiner Rechten":

> „Bei jenen, deren ‚rechte' Werke der Satan abhaut, stand er zur Rechten. Bei Zacharias heißt es ja: ‚Und der Herr zeigte mir den Hohenpriester Jesus, wie er vor dem Angesicht des Engels des Herrn stand, und der Teufel stand zur Rechten Jesu', nicht im Allgemeinen, sondern ‚um ihm zu widerstehen'![81] Dem Judas aber ‚widersteht' er nicht",[82]

denn Judas „hatte keine ‚unbefleckten Hände, noch war sein Herz rein. Er war nämlich ein Dieb und nahm das Hinterlegte weg"[83]. Das „Le-

76 Phil 2,6ff.
77 1Tim 6,10.
78 Prov 10,4.
79 *M. c.* 1,11–14.
80 Ibid. 15ff.
81 Sach 3,1.
82 *in Ps* 108,6 γ.
83 Joh 12,6; vgl. *in Ps* 23,3–4 β.

ben", Christus,[84] das auch er in sich trug, und „der intelligible Reichtum und die geistlichen Güter", die auch ihm zuteil geworden waren, nutzten ihm nichts, „weil er um eines Gewinnes willen die Weisheit und die Wahrheit Gottes verraten hatte".[85] Er tat dies indessen nicht allein um der dreißig Silberlinge willen, sondern getrieben vom Zorn und Hochmut des Teufels, an den ihn der Geiz, diese „Mutter des Götzendienstes"[86], ausgeliefert hatte.

Sowohl Petrus als auch Judas Iskariot empörten sich, wenngleich aus unterschiedlichen Motiven, bei dem Gedanken an einen *leidenden Messias*. Die Vorstellung, dass Jesus nicht der erhoffte politische „König Israels" sein werde, sondern am Kreuz enden würde, verletzte zutiefst ihre „Eigenliebe" (φιλαυτία), in der Evagrios die verborgene Wurzel aller Leidenschaften erblickt,[87] auch der des Zornes und des Hochmutes, die er ja eng zusammenrückt.[88] Denn da diese *Philautia* nur „sich selbst Freund" ist, nennt Evagrios sie treffend eine „Alleshasserin".[89]

„An diesem Punkt trennen sich allerdings die Wege der beiden Apostel. Trotz gefährlicher Schwankungen bleibt Petrus seinem Herrn treu, während Judas ihn an seine Todfeinde ausliefert. Charakteristisch für den Hochmütigen ist einerseits seine *Selbstüberschätzung*, die ihn z. B. die Hilfe Gottes leugnen lässt und das Vollbrachte sich selbst zuschreibt, andererseits seine *Verachtung* für die anderen, die unfähig sind, die eigene Größe gebührend zu würdigen ..."[90] Geheime Triebfeder dieser Verachtung ist wieder der Zorn.

Es ist leicht zu sehen, dass der Hochmütige seine Allmachtsträume auch auf andere übertragen kann, zu deren „Prophet" er wird und in deren Gefolge er dann selbst groß zu werden erhofft. Man denke nur

84 Joh 14,6.
85 *in Eccl* 5,17–19 (Gehin 43).
86 Kol 3,5; vgl. *Ep* 27,5; *Pr* Prol 41.
87 *Sk* 53.
88 *Pr* 14.
89 *Sk* 48.
90 *Pr* 14.

an „die Plätze zur Rechten und zur Linken". Werden nun diese eitlen Hoffnungen enttäuscht, und diese Enttäuschung bereitete den Jüngern ja der leidende Messias Jesus, dann stellt sich der Zorn ein,[91] und die verletzte Eigenliebe schlägt in Hass auf den „Versager" um, den es nun zu vernichten gilt. Dass Judas den Herrn dann buchstäblich verkauft, beweist, dass er zuvor schon der Sklave einer der niedrigsten aber folgenschwersten Laster war, des Geizes. Die *Philargyria* ist nicht nur bloße Knausrigkeit, sondern (wörtlich) „Liebe zum Silber", zum Geld. Warum liebt der Geizige das Geld? Es dient ihm letztlich nur als *Mittel zum Zweck*, als Mittel nämlich, die eigenen ehrgeizigen und hochmütigen Begierden zu verwirklichen. Macht braucht Geld, und Geld strebt nach Macht, jener den anderen versklavenden Macht, auf die Christus, der freiwillig arm wurde[92] bewusst verzichtete, als der Teufel sie ihm in der Wüste anbot.

Mit der Vernichtung Christi hat der „Menschenmörder von Anfang an"[93] sein Werk indessen noch nicht vollendet. Als Judas sieht, wie die Sache ausgehen wird, vergießt er nicht etwa bittere Tränen der Reue wie Petrus, als der seinen Herrn schändlich verleugnet hatte und ihm seine Tat zum Bewusstsein kam,[94] sondern er versucht, der eigenen Selbstüberschätzung treu, *aus eigener Kraft* das Getane rückgängig zu machen.[95] Als sich dies als unmöglich erweist, nimmt er sich das Leben.[96] Denn nach dem Zorn als Folge des enttäuschten Hochmutes stellen sich *Traurigkeit* und Verzweiflung ein und als letztes Übel Geistverwirrung und dämonische Visionen.[97] Denn nachdem der Satan sein Werk vollendet hat, kann er die Maske fallen lassen.

So erfüllt sich auf unheimliche Weise die Parallele zwischen Verführer und Verführtem. Ganz wie der hohe Engelsfürst seinen vorzüglichen

91 Ibid.
92 2 Kor 8,9.
93 Joh 8,44.
94 Mt 26,75.
95 Mt 27,3ff.
96 Mt 27,5.
97 *Pr* 14.

Platz unter den „Bäumen des Paradieses“ aus Hochmut verlor, verliert Judas aus Hochmut seinen auserwählten Platz unter den zwölf Aposteln.[98]

Die Sünden des fehlgeleiteten Jähzornes sind also eine wahrlich schreckliche Sache. „Wer zum Sklaven dieser Leidenschaft geworden ist, ist dem Mönchsleben absolut fremd“ und hat nichts mit den „Wegen unseres Erlösers“ gemein ...[99] Sein vermeintlich „geistliches Leben“, sein Gebet namentlich, ist nichts weiter als ein Nachäffen der Wirklichkeit, die nun ihrerseits den Zorn Gottes wider den Frechen herausfordert ...[100] Wer in dieser Verfassung beten will, ist verrückt. Er gleicht einem Mann, der scharf sehen möchte und sich selbst die Augen aussticht ...[101] In der Tat, wie könnte ein solcher „Dämon“ auch beten? Es lohnt sich also, dieses allzu oft verkannte, weil leicht unterschätzte Laster genauer zu erforschen.

98 Apg 1,16ff.
99 *M. c.* 13,2ff.
100 *Or* 145.146.
101 *Or* 65.

# Der Zorn im Katalog der acht Lastergedanken

# III

## III Der Zorn im Katalog der acht Laster-gedanken

Wie andere Väter seiner Zeit bekennt sich auch Evagrios – in bewusstem Gegensatz zu jenem manichäischen Dualismus, der in seinem Umfeld offenbar weit verbreitet war – zur absoluten *ontologischen Priorität des Guten.*

> „Es gab eine Zeit, da das Böse nicht existierte, und es wird eine Zeit geben, da es nicht mehr sein wird. Es gab jedoch keine Zeit, da die Tugend nicht existierte, und es wird keine Zeit geben, da sie nicht mehr sein wird ...“[1]

Denn das *Böse* (κακία) ist ontologisch *sekundärer* Natur.[2] Es entsteht durch die Pervertierung eines an sich guten Seins, und es besteht auch nur so lange, wie diese Pervertierung andauert. Mögen auch die beiden irrationalen Vermögen Jähzorn und Begehren, da an „Fleisch und Blut“ – den vergänglichen materiellen Leib – gebunden, im Verhältnis zum geistigen Wesen des Menschen, dem Intellekt, für Evagrios ebenfalls ontologisch sekundärer Natur sein,[3] so bleibt doch die Tatsache bestehen, dass sie vom Schöpfer gewollt und daher gut sind. Allein ihr *Missbrauch* ist böse und aus ihm entsteht, was wir „Laster“ nennen: πάθος – Leiden/Leidenschaft.

> „Wenn jegliches Böse aus dem rationalen, dem begehrenden und dem jähzornigen Teil zu entstehen pflegt, man sich dieser Vermögen aber sowohl gut als auch schlecht bedienen kann, dann stoßen uns also die Laster offensichtlich durch den widernatürlichen Gebrauch dieser Teile [der Seele] zu. Verhält es sich aber so, dann ist nichts von dem durch Gott Gewordenen [an sich] schlecht“.[4]

1 *KG* I,40 gr.
2 *KG* I,39.
3 *KG* VI,85.
4 *KG* III,59.

Dasselbe gilt auch von den *Dingen* dieser Schöpfung und ihren „Abbildern“ (ὁμοιώματα) in unserem Geist, den „gedanklichen Vorstellungen“ (νοήματα), die sich wie „Eindrücke“ im Intellekt hinterlassen.[5]

„Der Herr löst die Gefesselten“:

„Weder die Dinge noch deren gedankliche Vorstellungen [als solche] fesseln den Intellekt, sondern die leidenschaftlichen Vorstellungen der Dinge. Denn der Herr hat auch das Gold gemacht, und er selbst hat die Frau erschaffen, und nichts von dem durch Gott Gewordenen ist dem Heil der Menschen entgegengesetzt. Vielmehr sind es Unzucht und Geiz, die den Intellekt fesseln, indem sie die gedanklichen Vorstellungen zwingen, im Herzen zu verweilen. Die Dinge hemmen nämlich den Intellekt durch die leidenschaftlichen gedanklichen Vorstellungen, gleichwie das Wasser den Dürstenden durch den Durst und das Brot den Hungernden durch den Hunger. Aus diesem Grund vernichtet der Arzt der Seelen weder die Dinge, denn er ist ihr Schöpfer, noch zwingt er den Intellekt, sie nicht zu erkennen, denn er ward ja von ihm dazu erschaffen, sie zu erkennen. Sondern indem er durch die geistliche Lehre und die Gebote die Leidenschaften zerstört, die etwas anderes sind als die gedanklichen Vorstellungen und die Dinge, von denen sie ihren Ursprung haben, entlässt er den Intellekt frei aus den Fesseln. Dies bedeuten wohl die Psalmworte: ‚Der Herr löst die Gefesselten‘ “.[6]

Diese leidenschaftlich geprägten „Gedanken“ hat Evagrios zeitlebens studiert, analysiert und zu ordnen versucht, um sich selbst und seinen Lesern die so wichtige „Unterscheidung der Geister“[7] zu erleichtern. Am Ende steht eine Liste von acht sogenannten „generischen“ Gedanken, die ihrerseits ihre letzte Wurzel in der „Philautia“[8], der „Selbstverliebtheit“, haben.

5 *M. c.* 25.
6 *in Ps* 145,8 β.
7 *Ep* 4,4.5.
8 *Sk* 53.

> „Acht sind die Gattungsgedanken, in denen jeglicher Gedanke enthalten ist. Der erste ist der der Fresslust, danach kommt der der Unzucht. Der dritte ist der der Habsucht, der vierte der des Kummers, der fünfte der der Wut, der sechste der des Überdrusses, der siebte der des eitlen Ruhmes und der achte der des Hochmutes. Ob diese alle die Seele belästigen oder nicht belästigen, hängt nicht von uns ab. Ob sie jedoch verweilen oder nicht verweilen, Leidenschaften anregen oder nicht anregen, das hängt von uns ab“.[9]

Auf diese acht generischen Gedanken lassen sich also alle übrigen Gedanken – als vielgestaltige Manifestationen je eines dieser Grundtypen – zurückführen. Im Falle des Jähzornes sind dies etwa Neid und Kritiksucht[10], Argwohn[11], Hass, Groll und üble Nachrede[12] und dergleichen mehr. Obwohl Evagrios selbst eine systematische Zuweisung dieser acht Gedanken zu einem der drei Vermögen der Seele nicht durchgeführt zu haben scheint, lässt sich doch leicht erkennen, wie man sich diese zu denken hat. Fresslust, Unzucht und Habsucht sind offenbar „Laster des Leibes“[13], aus dessen fehlgeleiteten Bedürfnissen sie entstehen. Sie lassen sich vorrangig dem Begehren zuordnen. Kummer, Wut und Überdruss sind „Laster der Seele“[14]. Sie haben oft – aber gewiss nicht immer oder ausschließlich – ihre Ursache im zwischenmenschlichen Bereich. Wir werden nämlich sehen, dass die acht Gedanken auch ineinander übergehen bzw. auseinander entstehen. Die drei genannten Laster lassen sich als Fehlverhalten des Jähzornes einstufen. Doch wird am Beispiel des Überdrusses deutlich, warum Evagrios selbst eine solche systematische und damit vereinfachende Zuweisung nicht durchgeführt hat. Der Überdruss entsteht nämlich aus einer *gleichzeitigen* Regung von Begehren und Jähzorn.[15] Die beiden letzten Laster, eitler Ruhm und Hochmut, lassen sich dem rationalen Teil der Seele zuwei-

9 *Pr* 6.
10 *M. c.* 18,4.
11 *M. c.* 32,4.
12 *Gn* 32.
13 Vgl. *Pr* 35.
14 Ibid.
15 *in Ps* 118,28 ι γ; 139,3 α.

sen. Hinzuzufügen ist noch, dass wir die ersten sechs Gedanken nach Meinung des Evagrios mit den Tieren gemein haben, weil sie den irrationalen Teil der Seele befallen, während die beiden letzten typisch menschliche Leidenschaften sind, bzw. allein „vernunftbegabte Naturen" zu befallen pflegen.[16] Sie sind daher auch typische Laster der Vollkommenen.[17]

Die *Wechselbeziehungen* zwischen diesen acht generischen Gedanken sind äußerst vielfältig und wohl schwerlich erschöpfend darzustellen. Evagrios versucht dies auch nirgends. Doch er stellt gewisse Prinzipien auf, an denen man sich orientieren kann. So heißt es programmatisch gleich im ersten Kapitel des Traktates „Über die Gedanken":

> „Von den der *Praktike* entgegen gesetzten Dämonen sind die ersten, die in der Schlacht den Kampf beginnen, jene, denen die Begierden der Fresslust anvertraut sind, und jene, die uns den Geiz einflößen, und jene, die uns zum Ruhm der Menschen hervorlocken. Alle anderen marschieren hinter diesen her und nehmen die in Empfang, die von ihnen verletzt worden sind.
>
> Denn es ist nicht möglich, in die Hände des Geistes der Unzucht zu fallen, wenn man nicht [zuvor] dem der Fresslust erlegen ist. Und es ist nicht möglich, den Zorn zu erregen, wenn man nicht um Speise, Besitz oder Ehre kämpft. Und es ist unmöglich, dem Dämon der Traurigkeit zu entfliehen, es sei denn [man bleibt ungerührt], wenn man all dieser Dinge ermangelt oder sie nicht zu erlangen vermag. Noch vermöchte einer dem Hochmut zu entfliehen, dem ersten Sprössling des Teufels, wenn man nicht die ‚Geldgier, die Wurzel aller Übel'[18], verbannt, insofern nach dem weisen Salomo ‚die Armut den Mann demütigt'[19].

16 *M. c.* 18,1ff.
17 Vgl. *Pr* 13.
18 1 Tim 6,10.
19 Prov 10,4.

> Kurz gesagt, es ist nicht möglich, dass der Mensch einem Dämon verfällt, wenn er nicht zuerst von jenen Vordermännern verwundet worden ist. Deshalb führte der Teufel auch damals dem Erlöser eben diese drei Gedanken zu: Zuerst forderte er ihn auf, die Steine in Brot zu verwandeln, dann verhieß er ihm die ganze Welt, wenn er niederfiele und ihn anbete und drittens, indem er sagte, er werde, wenn er auf ihn höre, verherrlicht werden, weil er durch einen derartigen Fall keinen Schaden erlitt.[20]
>
> Sich über diese Dinge erhaben erweisend befahl unser Herr dem Teufel zurückzuweichen, und er lehrte dadurch auch uns, dass es nicht möglich ist, den Teufel zurückzustoßen, wenn man nicht diese drei Gedanken verachtet".[21]

Aus der Art und Weise, wie Christus dem Versucher den Mund stopfte, d. h. indem er ihm jeweils ein Wort der Heiligen Schrift entgegenschleuderte, leitet Evagrios übrigens auch seine Methode der „Widerrede" zur Bekämpfung der versucherischen Gedanken ab.[22]

Aus dem Gesagten ergibt sich die interessante Beobachtung, „dass uns die Dämonen nicht alle gleichzeitig versuchen", da unser Intellekt trotz der ihm eigenen Schnelligkeit nicht fähig ist, „die Gedanken zweier Dinge zu ein und derselben Zeit aufzunehmen". Er fixiert seine Aufmerksamkeit jeweils nur auf ein Objekt, das übrigens stets sinnlicher Natur ist. Wir werden also nicht zu ein und derselben Zeit von unreinen Gedanken des Geizes und solchen des Grolls befallen, da der Intellekt nicht in der Lage ist, gleichzeitig die gedankliche Vorstellung (νόημα) des Goldes und die des uns Betrübenden aufzunehmen.[23]

Als allgemeine Regel gilt, dass die „Gedanken" bzw. die sich ihrer bedienenden Dämonen[24] aufeinander *folgen*. Die Erkenntnis dieser Abfol-

20 Mt 4,1–10.
21 *M. c.* 1.
22 *Ant Prol*, vgl. unsere Übersetzung mit Kommentar.
23 *M. c.* 24.
24 *Eul* 15.

ge ist eine Wissenschaft, deren „Gründe" einen, neben der eigenen Beobachtung,[25] allein Christus lehren kann.[26] Sehen wir uns diese Gründe (λόγοι) näher an, soweit Evagrios sie offengelegt hat.

Die „Wut" (ὀργή) ist ein fehlgeleitetes, pervertiertes Wirken des irrationalen „jähzornigen" (θυμικόν) Vermögens der Seele, selbst einfach „Zorn" (θυμός) genannt. Zorn und Wut haben gleichsam primäre und sekundäre Ursachen bzw. auch Folgen. Eine *primäre Ursache* kann z. B. ein erlittenes Unrecht sein, eine – wahre oder eingebildete – Beleidigung[27], eine ungerechte Verleumdung[28], ein unbegründeter Tadel[29], oder gar Verfolgungen[30] und Schläge[31]. Das Erlittene erzeugt Zorn und Wut, die nach *Rache* verlangen. Lässt sich die Rachsucht nicht befriedigen, stellt sich der Kummer, das Gefühl der Frustration, ein.[32]

Der erregte Zorn treibt sein Opfer jedoch auch zu *Taten*, die in anderen dieselben Regungen auslösen, wie Lüge und falsches Zeugnis[33], Schmähungen[34] oder einfach unwilliges Gebrumme[35], Verdächtigungen[36], das Verlangen, dem anderen etwas Beleidigendes zu schreiben,[37] die Weigerung, sich zu versöhnen,[38] und dergleichen mehr. Kurz, der Zorn drängt einen, „Böses mit Bösem zu vergelten"[39]. Dabei ist der Dämon nicht um subtile Argumente verlegen, wie folgender Text lehrt, den manch einer schon als inneren Monolog erlebt haben wird. Er bietet

25 Vgl. *M. c.* 8; *Pr* 51.
26 *Pr* 50.
27 *Pr* 11.
28 *Ant* V,4.11.
29 *Ant* V,23.
30 *Ant* V,34.
31 *Ant* V,36.
32 *Pr* 10; *O. sp.* 5,1.
33 *Ant* V,3.
34 *Ant* V,5.
35 *Or* 12.
36 *Ant* V,10.
37 *Ant* V,32.
38 *Ant* V,28.
39 *Ant* V,42.53.61.

zugleich ein Beispiel für die Art und Weise, wie die obengenannte „antirrhetische Methode“ praktisch angewandt wird.

> „[Sprich] zu den Gedanken des Zornes, die uns nicht gestatten, uns mit den Brüdern zu versöhnen, indem sie uns die passenden Gründe vor Augen stellen, als da sind: Scham, Furcht und Stolz – angeblich „damit nicht wieder in dieselben früheren Übertretungen falle, wer sich darin vergangen hat“. Es ist dies aber ein Zeichen der Tücke des Dämons, der dem Intellekt nicht gestatten will, frei von Groll zu werden:
> „Die Sonne gehe nicht unter über eurem Zorn, noch gebt dem Teufel Raum“.[40]

Eine *sekundäre Ursache* des Zorns, der sich hier als Folge einer anderen Leidenschaft einstellt, ist, wie wir im vorhergehenden Kapitel sahen, der Hochmut. Denn die Allmachtsphantasien der Überheblichen zerschellen nicht zuletzt auch an der Weigerung der anderen, sich ihnen zu fügen. Die Frustration erzeugt dann Wut und Groll, auf die aus den oben genannten Gründen der Kummer folgt und bisweilen noch Schlimmeres: Irrsinn und Wahnvorstellungen.[41]

Eine verbreitete sekundäre Ursache des Zornes sind daher allgemein die *Begierden*, „die dem Jähzorn den Stoff liefern“[42]. So etwa das Verlangen nach Besitz und Reichtum,[43] das Hass auf andere erzeugen kann, die dem im Wege stehen. Da die Mönche in freiwilliger, aber wohl nicht immer willig ertragener Armut lebten, erwähnt Evagrios diese Ursache mehrfach.[44]

Es ist indessen nicht einmal nötig, dass wir selbst unmittelbar betroffen sind. Regungen des Zornes können auch aus sogenannten „natürlichen“ – in unserer geschöpflichen Natur angelegten und daher an

40 *Ant* V,49; Zitat: Eph 4,26.
41 *Pr* 14.
42 *Or* 27.
43 *M. c.* 1.
44 *Ant* V,15.30; *Ep* 39,4; *Mn* 16 u. ö.

sich guten – Gedanken entstehen, wie etwa aus der Sorge um unsere Angehörigen.[45] Ja, es ist nicht einmal nötig, dass diese Sorgen überhaupt begründet sind. Den Dämonen ist nämlich ein Leichtes, uns *vorzugaukeln*, die uns Nahestehenden seien in Gefahr.

> „Auch der Dämon des Zornes ahmt diesen Dämon [der Unzucht] nach und bildet [in unserem Geist das Abbild] unserer Eltern, Freunde, Verwandten, die von Nichtswürdigen beleidigt und geschlagen werden, und erregt so den Zorn der Anachoreten, damit sie den im Geist erscheinenden [Gestalten] etwas Böses sagen, oder antun. Man soll darauf achten und den Intellekt von derartigen Bildern schnellstens wegreißen, damit er nicht, wenn er bei ihnen verweilt, zur Zeit des Gebetes zu einem ‚rauchenden Brandscheit'[46] werde. Es sind die Jähzornigen, die in derartige Versuchungen fallen, und vor allem jene, die leicht zu Zornesausbrüchen entflammt werden. Sie sind fern vom reinen Gebet und der Erkenntnis unseres Erlösers Christus"![47]

Ein höchst eigentümliches Verhältnis besteht zwischen dem Jähzorn, der hier stets im Verein mit dem Begehrten tätig wird, und dem Laster des Überdrusses, der Akedia.

> „Der Überdruss ist eine gleichzeitige, lang andauernde Regung von Jähzorn und Begehren, wobei der erste über das Vorhandene wütend ist, während letzteres sich nach dem nicht Vorhandenen sehnt ..."[48]

Beim Überdruss verquicken (wörtlich „verflechten") sich also Gedanken des Jähzorns und des Begehrens zu einem eigentümlichen Phänomen, das sein Opfer zu einem „vernunftlosen Tier" werden lässt, das vom Begehren gezogen und vom Hass geschlagen wird.[49] Der Gedanke des Überdrusses ist so flächendeckend, dass ihm „an diesem Tag kein

45 *Sk* 56; *Ep* 55,3f.

46 Jes 7,4.

47 *M. c.* 16,22ff.

48 *in Ps* 118,28 ι γ.

49 *Ep* 27,6 gr.

anderer Gedanke folgt, erstens weil er dauert, sodann auch, weil er fast alle Gedanken in sich enthält".[50]

Daraus erklärt sich, wieso sich die Gedanken des Überdrusses auf scheinbar so widersprüchliche Weise – bei den Lauen – als Trägheit, Gleichgültigkeit, sogar als Depression, und dann wieder – bei den an sich Gewissenhaften und Eifrigen – als hemmungsloser Aktivismus und asketischer Maximalismus manifestieren können. Wird dieses Laster nicht durch standhaftes Aushalten und ein diszipliniertes Leben, verbunden mit „Tränen vor Gott" und anhaltenden, kurzen Gebeten geheilt, führt es zu völligem Stillstand des geistlichen Lebens und bisweilen sogar zum Selbstmord. Wer hingegen die Prüfungen dieses „Mittagsdämons", der „die ganze Seele umgreift und den Intellekt zu ersticken" droht,[51] mutig und standhaft besteht, der geht aus ihnen innerlich gefestigt hervor und es eröffnen sich ihm unerwartet jene geistlichen Erfahrungen, von denen er sich für immer ausgeschlossen wähnte.[52]

50 *in Ps* 139,3 α.

51 *Pr* 36.

52 Vgl. zum Thema G. BUNGE, Akedia. Die geistliche Lehre des Evagrios Pontikos vom Überdruss, Würzburg 1995, 7. Auflage Beuron 2017.

# Wesensbestimmung des Lasters

# IV

## IV Wesensbestimmung des Lasters

Alle Laster entstehen nach dem Verständnis des Evagrios aus einer Pervertierung der an sich guten Tätigkeiten der drei Vermögen der Seele. So steht einem „naturgemäßen“, das heißt dem ursprünglichen Schöpferwillen Gottes entsprechenden und damit primären, ein „widernatürliches“ und sekundäres Wirken gegenüber.

> „Gemäß der Natur wirkt die vernünftige Seele, wenn ihr begehrender Teil nach der Tugend strebt, der jähzornige für sie kämpft und der rationale sich der Kontemplation der Geschöpfe widmet“.[1]

Der Jähzorn hat also von Natur aus ein *kämpferisches* Wesen. Die ihm eigenen Tugenden sind daher der *Mut* (oder die Mannhaftigkeit: (ἀνδρεία) und die Ausdauer[2] und jene spezifisch christliche *Liebe,*[3] die sich als Sanftmut manifestierende Tugend der Starken, wie das Beispiel Moses[4], Davids[5] und Christi[6] lehrt, von denen die Schrift sagt, sie seien „sanftmütig“ gewesen.

Objekt dieser sich selbst hintanstellenden Liebe ist der *Nächste*. Er ist es auch dann noch, wenn die Dämonen dieses „Ebenbild Gottes“ besudelt haben sollten.[7] Denn eben weil er „Ebenbild und Gebilde Gottes“ ist, bleibt der Mensch auch als Sünder stets liebenswert.[8]

An diesem Punkt setzen die Dämonen nun den Hebel an, indem sie unseren gerechten Zorn gegen die Sünde in Zorn gegen den Sünder verkehren, gegen den es doch überhaupt keinen gerechten Zorn geben

1 *Pr* 86.
2 *Pr* 89.
3 *Gn* 47.
4 Num 12,3.
5 Ps 131,1.
6 Mt 11,29.
7 *Pr* 89.
8 *in Ps* 118,113 v.

kann.[9] Alle scheinbar so gerechtfertigten Gründe für einen solchen Zorn sind stets nur „Vorwände“[10]. Die ganze Widernatürlichkeit dieses Zornes wider unseren Nächsten wird deutlich, wenn man bedenkt, dass „es die Natur des Jähzornes ist, die *Dämonen* zu bekämpfen“[11], bzw. ihre „Gedanken“[12]. Ein solcher Zorn schadet der Seele nicht im Mindesten,[13] im Gegenteil. Das ist vielmehr jener „vollkommene Hass“[14], den Evagrios als ein „Merkmal der ersten und größten Leidenschaftslosigkeit“ betrachtet![15]

Der Jähzorn ist, bildlich gesprochen, gleichsam der „Hund“ der Seele. Seine Aufgabe ist es, „nur die Wölfe [d. h. die Dämonen] zu vernichten, nicht aber die Schafe aufzufressen, vielmehr ‚allen Menschen gegenüber die größte Sanftmut zu erweisen‘ “.[16] Denn „der Jähzorn ist eine Kraft der Seele, der die Gedanken [im pejorativen Sinn] vernichtet“[17], indem er wie ein treuer Wachhund alle „leidenschaftlichen verjagt“[18] und die „ungerechten verbellt“[19]. Wenn der Mensch seine ganze Aggressivität gegen die Dämonen wendet, handelt er also durchaus „naturgemäß“ (κατὰ φύσιν).[20] Wobei Evagrios indessen Sorge trägt darauf hinzuweisen, dass „wir die Dämonen beschimpfen wegen des sich in ihnen befindenden Bösen“, nicht aber insofern sie Geschöpfe Gottes sind,[21] da sie ja „nicht wesenhaft schlecht sind“[22], also nicht von Gott als Dämonen erschaffen worden sind.

---

9 *Or* 24.
10 Vgl. *Pr* 22.
11 *Pr* 24.
12 *M. c.* 16,16ff.
13 *Pr* 93.
14 Ps 138,22.
15 *M. c.* 10,14f.
16 *M. c.* 13,18ff; Zitat: Tit 3,2.
17 *Sk* 8.
18 *Sk* 9.
19 *Sk* 10.
20 *Pr* 93.
21 *KG* V,47.
22 *KG* IV,59.

Der Kampf wider die Dämonen und ihre versucherischen Gedanken ist jedoch nur der negative Aspekt dieses „natürlichen“ Wirkens des Jähzorns. Eingangs hieß es ja, seine Aufgabe bestehe auch darin, „für die Tugend zu kämpfen“[23] und entsprechend fährt Evagrios[24] denn auch fort: „Die Natur des Jähzorns ist es ... für eine wie auch immer geartete Lust zu streiten.“ Denn der Mensch ist auf „Beseligungen“ (μακαριότης), ja auch „Lust“ (ἡδονή) hin angelegt. Wie alles, so kann aber auch diese Offenheit oder „Empfänglichkeit“, wie Evagrios sagt, pervertiert werden.

> „... Deshalb legen uns die Engel die geistliche Lust nahe und die aus ihr entstehende Beseligung [wie sie nur die wahre Erkenntnis bewirkt],[24] und mahnen uns, den Jähzorn wider die Dämonen zu wenden. Diese aber schleppen uns zu den weltlichen Begierden hin und nötigen den Intellekt, wider die Natur gegen die Menschen zu kämpfen, damit der Intellekt, verfinstert und von der Erkenntnis abgefallen, zum Verräter der Tugenden werde“.[25]

Hier wird bereits deutlich, dass sich die Bekämpfung der Regungen des Zornes nicht auf eine rein negative Abwehrhaltung beschränken kann. Der Zornmütige wird vielmehr positiv alles daran setzen müssen, um den „jähzornigen Teil der Seele“ zu einem „naturgemäßen Wirken“ zurückzuführen. Das wichtigste *Heilmittel* für den entflammten Jähzorn wird daher die dem Zorn genau entgegengesetzte Tugend sein: die geistliche Liebe in all ihren Erscheinungsformen.[26]

In folgender schulmäßigen „Definition“, wie Evagrios sie so liebt, wird versucht, die Regungen von „Wut“ (ὀργή) und „Zorn“ (θυμός) näher zu bestimmen und voneinander abzugrenzen. Evagrios folgt hier, wie nicht selten, Klemens von Alexandrien und über ihn der Philosophie seiner Zeit.

---

23 *Pr* 86.
24 *Pr* 32.
25 *Pr* 24.
26 S. u. Kap. VIII.

„Steh ab von der Wut und lass ab vom Zorn“:

> „Wut ist ein Verlangen nach Rache, Rache aber ist Vergeltung von Bösem“.[27]
> „Zorn ist ein Ansturm des Begehrens der friedlichen Seele, [die] vor allem auf Rache [sinnt]“.[28]

Auch folgende Beschreibung des Zornes hat philosophische (aristotelisch-stoische) Wurzeln, die Evagrios aufgreift und weiterentwickelt. Sie lässt deutlich die Pervertierung der *kämpferischen* Natur des Jähzorns erkennen.

> „Die Wut ist eine äußerst jähe Leidenschaft. Man sagt in der Tat, sie sei ein ‚Kochen des Jähzornes‘ und eine Regung gegen den, der einem Unrecht getan oder vermeintlich getan hat. Sie macht die Seele den ganzen Tag über wild, vor allem aber reißt sie den Intellekt während der Gebete hin, indem sie ihm das Antlitz dessen, der ihn gekränkt hat, vorspiegelt ...“[29]

Ein tatsächliches oder vermeintliches Fehlverhalten unseres Nächsten[30] bringt also unseren Jähzorn zum „Kochen“, und die Seele verliert ihre natürliche „Friedfertigkeit“. Ein wildes Verlangen nach Rache macht sich breit, das nun Böses mit Bösem vergelten möchte, was dem Christen doch streng verboten ist.[31] Die überaus heftige, „jähe“ Regung, die die Seele gleichsam wie ein Tier anfällt, macht sie selbst „wild“, wörtlich „tierisch“ (ἐξαγριοῖ), wie Evagrios oft und keineswegs nur metaphorisch gemeint sagt.

---

27 *in Ps* 36,8 ς; vgl. Klemens von Alexandrien, *Stromata* IV,23.152.

28 *in Ps* 36,8 ζ (= *in Ps* 6,2 α); vgl. *Stromata* V,27.10: „Denn der Zorn wird als das begehrliche Streben einer sonst sanften Seele erfunden, da er vor allem in unvernünftiger Weise nach Rache begehrt.“ Vgl. auch den Kommentar von A. Le Boulluec, Clément d’Alexandrie. Les Stromates, Stromates V, SC 279 (Paris 1981), 120ff.

29 *Pr* 11.

30 Vgl. *Ant* V,18, wo es ein Tier ist.

31 Röm 12,17; vgl. *Ant* V,42.

„Die Wut
ist eine wahnwitzige Leidenschaft,
und sie bringt die Erkenntnis Besitzenden
leicht außer sich.
Sie vertiert die Seele
und lässt sie sich von jedem
Umgang zurückziehen“.[32]

„Ein wütender Mönch
ist eine einsame ‚Wildsau‘.
Kaum hat er jemanden erblickt,
schon fletscht er die Zähne“.[33]

„Ein Löwe im Käfig
bewegt ständig die Wirbelknochen,
und der Zornige in seiner Zelle
Gedanken des Zornes“.[34]

Wie wir in Kapitel II sahen, ist mit diesem „Vertieren“ die Verwandlung des Menschen in einen „Dämon“ gemeint. Denn der Dämon ist ein vom Zorn beherrschtes Wesen,[35] und die „wilden Tiere des Feldes“ sind sein biblisches Symbol.[36] Wenn Evagrios also sagt, der Zorn „vertiere“ die Seele,[37] so meint er damit, dass sie durch ihr Verhalten selbst zu einem „Dämon“ werde,[38] zu einem „Basilisken“[39]. Und auch jene „Wildsau“, die den „Weinberg“ der Seele verwüstet, ist nichts anderes als ein biblisches Symbol des Satans.[40]

32 *O. sp.* 4,1.
33 *O. sp.* 4,4.
34 *O. sp.* 4,7.
35 *KG* I,68.
36 *in Ps* 73,19 θ.
37 *in Ps* 57,5 β.
38 *KG* III,76.
39 *Ep* 56,4.5.
40 *in Ps* 79,13 ζ.

Als jähes Aufkochen sind Wut und Zorn häufig recht kurzlebig. Wird dieses Laster nicht geheilt, dann verwandelt sich diese momentane Regung jedoch leicht in „Groll“, wörtlich in „Sich-Erinnern-des-Bösen“ (μνησικακία) und blanken „Hass“ (μῖσος). Wir werden diesen „Gedanken“ noch begegnen, wenn wir nach den Folgen des Lasters des Zornes fragen.

Wir sagten schon, dass die „Leidenschaften des Leibes“ verhältnismäßig „kurzlebig“ sind, die der Seele hingegen – und dies gilt besonders von Neid und Groll – „bis ins Alter andauern“.[41] Ja, mehr noch, Zornessünden sind sogar charakteristisch für das *Alter*!

> „Ermahne die Alten den Jähzorn, die Jungen hingegen den Magen zu beherrschen. Erstere nämlich bekriegen die seelischen Dämonen, letztere zumeist die leiblichen“.[42]

Diese „seelischen Dämonen“ sind natürlich jene, die die Leidenschaften der Seele entfachen, die „leiblichen“ jene, die die des Leibes anregen. Die Dämonen haben nämlich gleichsam verschiedene Arbeitsbereiche.[43] Die Unterscheidung zwischen „Jungen“ und „Alten“ ist nicht, wie man vorschnell meinen könnte, allein eine Frage der Lebensalter und deren je unterschiedlichen Bedürfnissen. Die „Jungen“ (νέοι) sind vielmehr „Neulinge“ im geistlichen Leben, die „Alten“ (γέροντ) hingegen Fortgeschrittene oder gar Vollkommene. Die „Tage“, an denen sie – wie Abraham[44] – reich sind oder doch sein sollten, symbolisieren die *Erkenntnis*[45]. Jene „Alten“ sind also die Kontemplativen, denen vor allem der Dämon des Zornes zusetzt, weil ja nichts so sehr den Intellekt trübt und damit die *Kontemplation* zunichte macht, wie Zorn, Groll und dgl. Unter diesem Gesichtspunkt verkehren sich bisweilen die Rollen.

41 *Ep* 35,3.
42 *Gn* 31.
43 Vgl. *in Ps* 117,10 β.
44 Gen 25,8.
45 *in Ps* 117,24 ζ; *in Prov* 10,27 (Gehin 122).

„Ein sanftmütiger Jüngling
erträgt eine Menge,
einen kleinmütigen Greis aber,
wer wird den ertragen?
Ich sah einen zornigen Greis,
den man erhob ob seines Alters,
doch größere Hoffnung hatte
ein Jüngerer als er".[46]

Denn die Sanftmut ist ja die „Mutter der Erkenntnis".[47] Die herausragende Tugend des Kontemplativen ist denn auch – negativ gesehen – seine „Zornlosigkeit" (ἀοργησία)[48], bzw. positiv seine Sanftmut, wie wir später noch genauer sehen werden. Beide Tugenden nehmen eine Schlüsselstellung im geistlichen Leben ein.

„Das Gebet ist ein Spross der Sanftmut und der Zornlosigkeit".[49]

Kein Wunder also, dass die Dämonen alles daran setzen, diesen „friedvollen Zustand der vernünftigen Seele"[50] zunichte zu machen, wissen sie doch sehr wohl, dass „keine Tugend so die Weisheit zu erzeugen pflegt, wie die Sanftmut".[51] Hier setzen die Dämonen daher den Hebel an.

„Stopfe den Mund derer, die vor deinen Ohren [über andere] schlecht reden, und wundere dich nicht, wenn du [selbst] von der Menge gescholten wirst. Dies ist in der Tat eine Versuchung der Dämonen. Der Gnostiker muss nämlich frei sein von Hass und Groll, auch wenn denen das nicht passt!"[52]

---

46 *Mn* 112.
47 *Ep* 27,2.
48 *Gn* 4,45; *in Ps* 131,1 α.
49 *Or* 14.
50 *Sk* 3.
51 *Ep* 36,3 gr.
52 *Gn* 32.

Der „Gnostiker", von dem hier die Rede ist, ist der evagrianische „Kontemplative", (θεωρητικός), ein Mensch, der nicht nur über Gott redet, sondern ihn auch aus inniger Vertrautheit[53] heraus „erkennt"[54], von Ihm „der Erkenntnis gewürdigt ward".[55]

53 *Mn* 120; vgl. *Or* 61.

54 *KG* V,26.

55 So schon im Titel des *Gnostikos* und stereotyp in den *Scholien zum Psalter* usw.

# Die Folgen

# V

# V Die Folgen

Kaum jemand wird daran zweifeln, dass Zorn, Wut und Groll Folgen für die zwischenmenschlichen Beziehungen und auch für unseren Nächsten selbst haben. Wenige sind sich bewusst, dass sie *sich selbst* den größten Schaden zufügen.

> „Wut: Raub der Besonnenheit
> Zusammenbruch der [inneren] Verfassung,
> Verwirrung der Natur,
> wildes Äußeres,
> Schmelzofen des Herzens,
> hervorbrechende Flamme,
> Gesetz des Jähzorns,
> Groll ob der Beschimpfungen,
> Mutter der wilden Tiere,
> schweigender Kampf,
> Hindernis des Gebetes“.[1]

Auf die Folgen für das hier am Schluss genannte *Gebet* werden wir im nächsten Kapitel näher eingehen. Hier soll zunächst nur von bestimmten Folgeerscheinungen auf dem Gebiet der „Psyche“, dem irrationalen Teil der Seele, die Rede sein. Wie wir schon sahen, definiert Evagrios die Wut als ein „Kochen des Jähzorns“[2]. Die Folge ist eine *Verwirrung* oder Trübung, (ταράσσειν) des Intellektes,[3] ein der Sanftmut diametral entgegen gesetzter Zustand. Evagrios definiert die Sanftmut nämlich als „Unerschütterlichkeit (ἀταραξία) des Jähzornes“[4]. Diese Unerschütterlichkeit auch und gerade dann, wenn alles auf einen einstürmt, ist aber eine unerlässliche Voraussetzung des Gebetes.[5] Was wiederum verständlich macht, warum die Dämonen alles daran setzen, sie zu „er-

1 *Vit* (PG 79,1144 A).
2 *Pr* 11.
3 *in Ps* 6,8 δ; 30,10 δ u. ö.
4 *in Ps* 131,1 α.
5 *Or* 21.68.82.89.108.

schüttern". Auf der „psychologischen" Ebene führt diese innere Aufregung nun zu einer Erscheinung, die Evagrios sehr oft erwähnt: zu schrecklichen *Alpträumen*.

> „‚Die Sonne soll nicht untergehen über eurem Zürnen'[6], damit die Dämonen nicht etwa des Nachts [unvermutet] herzutreten und die Seele in Schrecken versetzen und [so] den Intellekt am folgenden Tag furchtsam für den Kampf machen. Denn die schrecklichen Erscheinungen pflegen aus der Erregung des Jähzorns zu entstehen, und nichts macht den Intellekt so zum Fahnenflüchtigen wie der erregte Jähzorn".[7]

Die Dinge, die uns im Schlaf widerfahren, sind für den „Psychologen" Evagrios natürlich von größter Bedeutung. Dabei interessiert ihn im Unterschied zu seiner Zeit der Traum nicht als Prophet zukünftiger Ereignisse, sondern als Offenbarer unserer gegenwärtigen seelischen Verfassung. Evagrios weiß, dass unsere „Traumgesichte" (φαντασίαι) verschiedene Ursachen haben. „Einige rühren vom rationalen Teil der Seele her, wenn das Gedächtnis angeregt wird, andere vom jähzornigen Teil, andere wieder vom begehrenden Teil".[8] Um hier klarer zu sehen, widmet Evagrios daher mehrere Kapitel seines *Praktikos* jenen Dingen, „die einem im Schlaf widerfahren".[9] Charakteristisch für den erregten Jähzorn sind nun furchteinflößende Alpträume.

> „... Manchmal, wenn [die Wut] andauert und sich in Groll verwandelt, bewirkt sie auch des Nachts Erschrecken, Hinschwinden des Leibes, Erbleichen und den Ansturm giftsprühender Tiere. Diese Phänomene, die infolge des Grolls auftreten, kann man auch als Folgeerscheinung mehrerer [anderer] Gedanken finden".[10]

6 Eph 4,26.
7 *Pr* 21; vgl. *in Prov* 3,24–25 (Gehin 36 Ende).
8 *in Ps* 143,1 α.
9 *Pr* 54–56.
10 *Pr* 11.

In der Tat berichtet Evagrios ähnliche Dinge vom Kummer[11] und vom Hochmut[12]. Evagrios kommt oft auf dieses für ihn offenbar wichtige Thema zurück. Seine z. T. sehr detaillierten Beschreibungen zeugen von eigenem Erleben bzw. von Erfahrungen, die ihm andere Anachoreten anvertraut haben. Namentlich im *Antirrhetikos* berichtete Evagrios oft von Phänomenen, die er mit eigenen Augen gesehen hat,[13] sei es, dass er sie auch am eigenen Leib erfahren hat, sei es, dass er ihr Zeuge geworden ist. Durch Palladios wissen wir ja, dass er regelmäßig von zahlreichen Ratsuchenden angegangen wurde.[14]

Liest man die verschiedenen Beschreibungen dieser Alpträume im Zusammenhang, dann fallen bestimmte gemeinsame Züge auf. Am häufigsten ist wohl von *wilden*, oft giftsprühenden *Tieren* die Rede, die mehrfach auch in Kapitel IV des *Antirrhetikos* „Über den Kummer" erwähnt werden. Es sei den modernen Psychologen überlassen, diesen Zug genauer zu erforschen.

> „Wenn die Dämonen mittels der Phantasien des Traumes ... den Jähzorn verwirren und uns zwingen, abschüssige Wege zu begehen, [wenn sie ferner] bewaffnete Männer und giftsprühende und reißende Tiere herbeischaffen, wir aber angesichts dieser Wege in Schrecken geraten und, von den Tieren und Männern verfolgt, fliehen ..."[15]

In anderen Texten ist davon die Rede, dass die Anachoreten „des Nachts im Schlaf mit geflügelten Aspisvipern kämpfen und von reißenden Tieren umzingelt werden, von Schlangen umringelt und von hohen Bergen herabgestürzt werden ..."[16] Immer wieder wird uns versichert, dass derartigen „schreckenerregenden Erscheinungen vor allem die wütenden und zornigen Brüder verfallen".[17]

11 *Ant* IV,8.11.18.22. usw.
12 *M. c.* 21,23ff; 23,13ff; *Mn* 62; *O. sp.* 8,9.
13 Z. B. *Ant* IV,36.72.
14 *Vita* Kap. E.
15 *Pr* 54.
16 *M. c.* 27,1–5.
17 *M. c.* 27,19f.

„Wirre Träume
erblickt der Zornige,
und den Ansturm wilder Tiere
phantasiert der Wütende“.[18]

Evagrios richtet sich in seinen Schriften fast durchweg an Mönche, und hier wieder vor allem an *Anachoreten*, d. h. an Mönche, die wie er selbst in großer Abgeschiedenheit ein rein kontemplatives Leben führen. Zwischenmenschliche Kontakte sind dabei keineswegs ausgeschlossen, aber doch verhältnismäßig selten. Sie werden deshalb keineswegs geringgeschätzt, sondern erlangen für den Anachoreten im Gegenteil erhöhte Bedeutung, da sie viel bewusster und intensiver erlebt und gelebt werden. Für den Rückzug nicht nur aus der Welt, sondern selbst aus der Gemeinschaft eines Klosters waren daher besondere Bedingungen zu erfüllen. Wer sich an die entsprechenden Regeln nicht hält, sondern eigenwillig handelt, bringt sich um die Früchte seiner Mühen. Denn seine ungelösten Probleme, namentlich jene, die aus dem Zusammenleben mit den anderen erwachsen, werden ihn nämlich in der Einsamkeit unweigerlich einholen und sich u. a. durch jene nächtlichen Schrecken rächen, von denen hier die Rede ist. Um es auf eine knappe Formel zu bringen: Wer in einer Gemeinschaft mit den anderen nicht zurechtkommt, wird auch in der Einsamkeit mit sich selbst nicht zurechtkommen. Daher gilt ganz allgemein:

„Besser der Tausendste [im Kloster]
mit Liebe,
als allein mit Hass
in unzugänglichen Höhlen“.[19]

Nicht von ungefähr schreibt Evagrios diese Warnung den „Mönchen, die in Koinobien oder [kleinen] Gemeinschaften leben“ und vielleicht nach der vermeintlichen Stille einer Wüstenzelle Ausschau halten, ins Stammbuch. In derselben Schrift lesen wir auch:

18 *O. sp.* 4,20.
19 *Mn* 9.

> „Anachorese in Liebe
> reinigt das Herz,
> Anachorese jedoch mit Hass
> verwirrt es“.[20]

Nicht zufällig ist der erste Aphorismus ein Zitat aus einer Schrift des *Pachomios,*[21] der selbst als Anachoret begonnen hatte, um dann zum Vater einer nach Tausenden zählende Mönchsgemeinde zu werden. Evagrios führt ihn nicht etwa an, weil er selbst der Anachorese kritisch gegenüberstände, sondern weil es ihm darum geht, diese Lebensform vor Missbrauch zu schützen. Folgende Definition gibt uns einen ersten Hinweis, worin für ihn der positive Sinn dieses Rückzugs in die Wildnis besteht.

> „Ein Anachoret ist, wer in der in seinem Gebiet bestehenden Welt fromm und gerecht lebt“.[22]

Jeder Christ soll, wie der Apostel sagt, „besonnen, gerecht und fromm in dieser Weltzeit leben“. Dazu muss er zuerst „der Gottlosigkeit und den weltlichen Begierden entsagen“[23], die die materiellen Dinge in uns zu wecken vermögen, wenn unsere Seele nicht in sich geeint ist. Der „Anachoret“ hingegen ist ein Mensch, der nicht nur in der *äußeren Welt* fromm und gerecht lebt, sondern auch in deren geistigem Abbild, d. h. in jenem *inneren Kosmos,* der in unserem Geist aus den vielfältigen gedanklichen Vorstellungen, die die materielle Wirklichkeit in Form ihrer „Abbilder“ wie „Eindrücke“ in ihm hinterlässt, entsteht. Die äußere Anachorese oder Lösung von den weltlichen Geschäften ist letztlich nur ein *Hilfsmittel,* um zu dieser inneren Loslösung zu gelangen.

---

20 *Mn* 8.

21 Vgl. L. Th. LEFORT, A propos d'un aphorisme d'Evagrius Ponticus; in: Académie Royale de Belgique. Bulletin de la classe des lettres et des sciences morales et politique, 5e série, t.36 (1950), 70–79.

22 *Sk* 14.

23 Tit 2,12.

> „Den Leib von der Seele zu trennen steht allein dem zu, der sie zusammengebunden hat; die Seele vom Leib zu trennen indessen auch dem, der sich der Tugend widmet. Die Anachorese nämlich nennen unsere Väter eine ‚Einübung in den Tod' und eine ‚Flucht vor dem Leib' ".[24]

„Die Seele vom Leib trennen" bedeutet also nichts anderes, als sie von der Tyrannei der Leidenschaften zu befreien, um der Tugend leben zu können. Nun folgen uns aber die Leidenschaften der Seele bis zum physischen Tod.[25] Unter diesen Umständen ist eine verfrühte Anachorese nicht ungefährlich. Namentlich dann, wenn man es versäumt hat, mit seinen Mitmenschen ins Reine zu kommen. Die zwischenmenschlichen Beziehungen bieten den Dämonen ja bei den in Gemeinschaft Lebenden die Hauptangriffsfläche.[26]

> „Kein Anachoret ziehe sich unter dem Eindruck von Wut, Hochmut oder Kummer in die Einsamkeit zurück, noch fliehe er die Brüder, wenn er von diesen Gedanken belästigt wird. [Denn in dieser Verfassung in die Wüste zu gehen, hieße einer tückischen List der Dämonen aufsitzen].[27] Es entstehen nämlich aus den genannten Leidenschaften Zustände des Außersichseins (ἐκστάσεις) des Herzens, das von Gedanke zu Gedanke, und von diesem zu einem anderen, und von diesem wieder zu einem anderen [gleitend], schrittweise in den Abgrund des Vergessens fällt".[28]

Gedanken des Zornes entstehen leicht auch aus solchen des Hochmutes, wie wir schon sahen.[29] So heißt es auch in der Folge des zitierten Textes:

> „Diese Leidenschaft stößt einem zumeist von Seiten der Gedanken des Hochmutes zu. Wenn nun jemand in dieser Verfassung in die

24 *Pr* 52.
25 *Pr* 36.
26 *Pr* 5.
27 *Pr* 22.
28 *M. c.* 23,1–7.
29 *Pr* 14.

> Einsamkeit geht, erblickt er zuerst die Luft seiner Zelle von Feuer durchglüht und nachts gleichsam Blitze in den Wänden aufleuchten. Dann [folgen] die Stimmen von Verfolgern und Verfolgten, und Wagen mit Pferden, die in der Luft erscheinen, und [er erblickt] das ganze Haus voller Äthiopier[30] und Schrecken. Und ob des überwältigenden Kleinmutes verfällt er dann in Außersichsein, ihm wird schwindelig und er vergisst ob der Angst seine menschliche Verfassung ...“[31]

Mag einem modernen Leser an dieser Beschreibung auch manches recht pittoresk vorkommen, so ist doch die Beobachtung wichtig, dass gestörte zwischenmenschliche Beziehungen, wie sie Wut, Hochmut oder auch Kummer und die mit diesem verbundenen Depressionen bewirken, für den Betroffenen dann die schlimmsten Folgen haben, wenn er sich mit sich allein wiederfindet. Diese Zusammenhänge sind den Dämonen natürlich aus Erfahrung bestens bekannt und entsprechend gehen sie, die uns zuvor in diese Leidenschaften gestoßen hatten, nun taktisch vor.

> „Wenn der jähzornige Teil unserer Seele, einen Vorwand ergreifend, in Erregung geraten ist, dann geben uns die Dämonen ein, die Anachorese sei eine schöne Sache, damit wir nicht die Ursachen unseres Kummers beheben und uns selbst von der Aufregung befreien ...“[32]

Blicken wir zurück, so stellen wir fest, dass die Folgen eines nicht bewältigten Zornesausbruchs in einem paradoxen Verhältnis zu diesem Ausbruch selbst stehen. Gebärdet sich der Wüterich tagsüber noch wie ein brüllender „Löwe“[33] oder eine angriffslustige „einsame Wildsau“[34]

30 In der Literatur der frühen Mönche erscheinen die Dämonen oft als „Äthiopier“, also als *Schwarze*.

31 *M. c.* 23,13–22.

32 *Pr* 22.

33 *O. sp.* 4,7.

34 *O. sp.* 4,4.

und läuft mit „blutunterlaufenen Augen umher“[35], so verwandelt er sich des Nachts in ein von wahnwitzigen Angstzuständen und Alpträumen terrorisiertes Wesen. Ähnliches sagt Evagrios auch von den Folgen des *Hochmutes,*[36] der ja eng mit dem Zorn verbunden ist. Bei nahem besehen ist dieses Paradox jedoch durchaus erklärlich. Denn während der vom Zorn Beherrschte sich tagsüber in einen „Dämon“ verwandelt,[37] wird er des Nachts von eben diesen Dämonen selbst gequält. Wer nach einem geistlichen Leben strebt, hüte sich also vor dem Zorn! Der folgende Text mag uns als Überleitung zum nächsten Kapitel dienen.

„Wer nach dem reinen Gebet strebt und seinen Intellekt ohne Gedanken Gott zuführen möchte, der beherrsche den Zorn und nehme sich vor den aus diesem entstehenden Gedanken in acht. Ich will sagen, vor den uns aus Argwohn, Hass und Groll widerfahrenden Gedanken, welche am allermeisten den Intellekt blenden und seinen himmlischen Zustand verderben. Dies riet uns ja auch der hl. Paulus. Man solle, sagt er, ‚zum Herrn reine Hände erheben, ohne Zorn und Gedanken‘[38].

Doch ist den Mönchen eine schlechte Angewohnheit [in die Wüste] nachgefolgt, und oft prozessieren sie mit den Familienangehörigen und streiten wegen geschuldeter Gelder oder Güter zur Unterstützung der Armen. Diese werden – wie wir sagten – von den Dämonen verspottet und machen sich selbst den Weg des Mönchtums schwerer, indem sie Zorn um Geldes willen entfachen und dann wieder durch Geld zu löschen sich beeilen, so als ob sich einer die Augen ausstechen würde, um eine Augensalbe aufzutragen. Denn unseren Besitz zu verkaufen und [den Erlös] den Armen zu geben,[39] hat uns zwar unser Herr aufgetragen, nicht jedoch mit Streit und Prozess! Denn ‚ein Diener des Herrn darf nicht streiten‘[40], sondern ‚dem, der mit ihm um das Hemd prozessieren will, soll er auch den Mantel dazugeben, und dem, der ihn

35 *O. sp.* 4,10.
36 *O. sp.* 8,9.
37 S. o. S. 29ff.
38 1 Tim 2,8.
39 Mt 19,21f.
40 2 Tim 2,24.

auf die rechte Wange schlägt, soll er auch die andere hinhalten'[41], und sich hinfort eifrig bemühen, dass er nicht nur nicht dahingehe als einer, der erwirbt, sondern dass er nur ja nicht sterbe als einer, der den Gedanken des Grolls verfallen ist, insofern ja ,die Wege des Grollenden in den Tod' führen, gemäß dem weisen Salomon.[42]

Indessen möge jeder, der solche Gelder zurückhält, wissen, dass er Unterhalt und Obdach der Blinden, Lahmen und Aussätzigen geraubt hat und dem Herrn am Tage des Gerichtes Rechenschaft wird ablegen müssen".[43]

41 Mt 5,39f.

42 Prov 12,28.

43 *M. c.* 32,26ff.

# Zorn und Gebet

# VI

## VI Zorn und Gebet

Nach allem, was wir bisher gehört haben, ist deutlich, dass der Zorn ein hässliches Laster ist. Es „vertiert“ den Menschen, ja macht ihn zu einem „Dämon“. Wer sich von diesem Laster beherrschen lässt, wird darüber hinaus selbst zum Spielball der Dämonen, die den eben noch so Frechen des Nachts durch scheußliche Phantasiegebilde terrorisieren. Wenn Evagrios nicht mehr zu diesem Thema zu sagen hätte, würde sich eine Beschäftigung mit seinen Schriften indessen schwerlich lohnen. Doch wir stehen erst am Anfang!

> „Jene, die sich selbst [Anlässe von] Traurigkeit und Groll anhäufen und sich einbilden, zu beten, gleichen Leuten, die Wasser schöpfen und in ein löchriges Fass schütten“.[1]

Die überragende Bedeutung, die Evagrios in allen seinen Schriften dem Zorn beimisst, beruht auf seiner durchweg negativen Beziehung zum *Gebet*, wie mehrere im Vorhergehenden zitierte Texte bereits andeuteten. „Gebet“ wird hier als Inbegriff des geistlichen Lebens oder der „Mystik“, wie wir heute sagen, verstanden.

> „Der ganze zwischen uns und den unreinen Dämonen entbrannte Krieg geht um nichts anderes als um das geistliche Gebet. Denn ihnen ist es überaus verderblich und äußerst verhasst, uns aber heilsam und im höchsten Maße lieblich“.[2]

Für seine feste Überzeugung, dass sich Zorn und Gebet gegenseitig wie Feuer und Wasser ausschließen, kann sich Evagrios neben der Heiligen Schrift auch auf den „verborgenen und alten Brauch der Menschen“ berufen.

1 *Or* 22.
2 *Or* 50.

„Sag mir, warum stürzt du dich nur so schnell in die Schlacht, wenn du Speise, Ehre und Besitz verachtest hast? Warum nährst du den Hund [d. h. den Jähzorn], wenn du von dir sagst, nichts zu haben? Wenn dieser aber bellt und die Leute anfällt, dann offensichtlich deshalb, weil er im Haus etwas besitzt und dies bewahren will. Ich bin aber überzeugt, dass ein solcher [Mann] fern vom reinen Gebet ist, da ich weiß, dass der Jähzorn ein solches Gebet zunichte macht.

Darüber hinaus wundere ich mich, dass er selbst die Heiligen vergisst, David, der ausruft: ‚Lass ab von der Wut und steh ab vom Zorn‘[3], und den Ecclesiasten, der mahnt: ‚Halte fern von deinem Herzen den Zorn und schaffe hinweg von deinem Fleisch die Bosheit‘[4], und den Apostel, der befiehlt, ‚ohne Zorn und Gedanken an jedem Ort reine Hände zum Herrn zu erheben‘[5].

Und warum lernen wir nicht von dem verborgenen und alten Brauch der Menschen, zur Zeit des Gebetes die Hunde aus den Häusern zu vertreiben, der damit dunkel andeutet, dass in den Betenden kein Zorn vorhanden sein darf? Und ferner ‚Zorn der Drachen ist ihr Wein‘[6]. Des Weines aber sollen sich die Nasiräer [d. h. die Gottgeweihten] enthalten.[7]

Die Galle und die Hüfte waren für die Götter ungenießbar, wie einer der äußeren Weisen erklärt hat, ohne zu wissen, scheint mir, was er sagte. Ich meine, erstere ist ein Symbol des Jähzorns, letztere das des irrationalen Begehrens“.[8]

Die negativen Wirkungen des entflammten Jähzorns auf den Beter sind vordergründig zunächst rein psychologischer Natur.

3 Ps 36,8.
4 Eccl 11,10.
5 Tim 2,8.
6 Dtn 32,33.
7 Num 6,3.
8 *M. c.* 5,12–34.

> „Alle dämonischen Gedanken führen in die Seele gedankliche Vorstellungen sinnlicher Gegenstände ein, von denen geprägt, der Intellekt dann die Formen jener Gegenstände mit sich herumträgt. An den Gegenständen selbst erkennt man dann den sich nahenden Dämon.
>
> Zum Beispiel: Wenn in meinem Geist das Antlitz dessen, der mir geschadet und mich entehrt hat, entsteht, dann ist damit der sich nahende Gedanke des Grolls überführt ...“[9]
>
> „Deshalb klagt uns auch der Heilige Geist treffend an: ‚Du setzt dich hin und verleumdest deinen Bruder, und wider den Sohn deiner Mutter hast du eine Falle gestellt‘[10]. Du hast den Gedanken des Grolls die Tür geöffnet und den Intellekt zur Zeit des Gebetes in Verwirrung gebracht, indem du dir ständig das Antlitz deines Feindes vorstellst und ihn zu einem ‚Gott‘ gemacht hast. Denn was der Intellekt im Gebet anschaut, das kann man billigerweise auch einen Gott nennen“.[11]

Evagrios beschreibt hier eine Erfahrung, die wohl schon jeder einmal gemacht hat: die fast obsessive Fixierung auf einen Gegenstand oder schlimmer eine bestimmte Person, die uns tatsächlich oder angeblich gekränkt hat, und die man sich gerade im Gebet nicht aus dem Geist zu reißen vermag. Das Gebet wird unter diesen Umständen zu einer Karikatur. Wir werden darauf zurückkommen.

Woher wissen die Dämonen eigentlich, von welcher Leidenschaft wir im Augenblick befallen sind? Evagrios sprach ja von bloßen „gedanklichen Vorstellungen“ (νοήματα), die uns die Dämonen zuführen. Die Dämonen kennen unser „Herz“, d. h. den Intellekt, unser innerstes Wesen, nicht. Diese Feststellung ist für Evagrios von großer Bedeutung. Dieses innere Heiligtum ist ihnen unzugänglich. Allein Gott, der

9 *M. c.* 2,1–7.
10 Ps 49,20.
11 *M. c.* 37,19–25.

es erschaffen hat, kennt unser Herz.[12] Doch die Dämonen sind vorzügliche und erfahrene, weil seit langem in der Schöpfung gegenwärtige *Beobachter* unseres Verhaltens, denen auch die kleinste, uns selbst völlig unbewusste Regung nicht entgeht.[13] Aus diesen Zeichen (σύμβολα) erkennen sie, was in unserem Herzen, aus dem ja unsere guten oder bösen Absichten hervorgehen, verborgen ist. Aus diesen verräterischen Anzeichen schöpfen sie das Material für ihre Versuchungen,[14] indem sie z. B. während des Gebetes unser Gedächtnis anregen[15] und uns das Bild dessen, der uns beleidigt hat, zuführen. Dieses Bild haben wir dann wie einen „Götzen" ständig vor Augen, um mit ihm, anstatt mit Gott, Zwiesprache zu halten.[16]

Alle materiellen Dinge „prägen" nämlich unseren Geist, d. h. sie hinterlassen in ihm ein „Bildnis" (ἐίδολον)[17] oder einen Abdruck (τύπος),[18] mit dem wir im Geiste umgehen, als handle es sich um den wirklichen Gegenstand selbst. Allein Gott, der vollkommen, „immateriell"[19], „gestaltlos"[20] weil „leiblos" ist, belässt den Intellekt – selbst oder auch in Gestalt seines „Gedankens" – „ungeprägt"[21]. Er ist „unmittelbar" (μηδενός μεσιτεύοντος),[22] *personal*, wie wir sagen würden, gegenwärtig und wirkt auch entsprechend unmittelbar.[23]

Sind wir nun verschuldet oder unverschuldet mit einem Mitmenschen aneinandergeraten und haben auf diesen Zwischenfall „leidenschaftlich" reagiert, dann prägt sich – als dämonischer Gedanke – in unserem Intellekt das „Bild (εἰκών) eines sinnlichen Menschen" ein, mit dem

12 *M. c.* 37,1ff; Verweis auf Ps 32,15 und Apg 1,24.
13 *Ep* 16.
14 *M. c.* 37,4ff.
15 *Or* 45–47.
16 *M. c.* 37,24.
17 *M. c.* 4,16.
18 *M. c.* 41,1ff.
19 *Or* 67.
20 *Or* 68.
21 *in Ps* 140,2 α.
22 *Or* 3.
23 Vgl. *Or* 64.

wir dann „im Verborgenen auf gesetzlose Weise etwas sagen oder tun“[24], als sei die entsprechende Person gegenwärtig. Verheerend wirkt sich dies vor allem „zur Zeit des Gebetes“ aus, wo der Intellekt, da er dann ja mit dem immateriellen und gestaltlosen Gott Zwiesprache hält, „frei von Bildern“ sein sollte.

Wer „zu beten begehrt, ‚wie es sich gebührt‘[25] ‚und irgendjemanden betrübt, läuft umsonst‘ “[26]. Sein vermeintliches Gebet ist nichts anderes als eine „Nachäffung“ (ἀνατύπωσις) der Wirklichkeit, die nun ihrerseits den Zorn Gottes erregt.[27] Daher die Warnung:

> „Was auch immer du tust, um dich an deinem Bruder, der dir Unrecht getan hat, zu rächen, all dies wird dir zur Zeit des Gebetes zu [einem Stein des] Anstoßes werden!“[28]

Dasselbe gilt selbstverständlich auch von dem Bruder, den *wir* gekränkt haben, ohne uns dann mit ihm zu versöhnen.

> „Hüte dich davor, jemals einen der Brüder, weil du ihn erzürnt hast, zu vertreiben. Du würdest dein Lebtag nicht mehr dem Dämon des Kummers entfliehen, der dir zur Zeit des Gebetes beständig zu einem Hindernis würde“.[29]

Mit Fug und Recht kann man also sagen, dass im Gebet eine Art „Gericht“ über unsere innere Verfassung stattfindet.[30]

> „Sooft dir eine Versuchung oder ein Streitfall zustößt, oder du gereizt wirst, als Erwiderung, um dich zu rächen, den Jähzorn aufzuscheuchen, oder irgendeinen undeutlichen Laut hervorzustoßen,

24 *Sk* 13.
25 Röm 8,26.
26 *Or* 20.
27 *Or* 145.146.
28 *Or* 13.
29 *Pr* 25.
30 Vgl. *Ep* 25,6.

gedenke des Gebetes und des Gerichtes, das dann stattfindet, und sofort wird sich die ungeordnete Regung in dir beruhigen".[31]

„Gib dich nicht dem Gedanken der Wut hin, indem du im Geiste mit dem, der dich gekränkt hat, streitest, noch auch dem der Unzucht, indem du dir ununterbrochen die Lust vorstellst. Ersteres nämlich verfinstert die Seele, letzteres lädt sie zum Feuer der Leidenschaft ein, beides aber macht den Intellekt besudelt. Und während du dir zur Zeit des Gebetes die [entsprechenden] Bilder vorstellst und Gott dein Gebet nicht rein darbringst, fällst du sofort dem Dämon des Überdrusses anheim, der sich mit Vorliebe auf derartige [seelische] Verfassungen stürzt und, gleich wie ein Hund ein Hirschkalb, die Seele zerreißt".[32]

Sehr schön lässt dieser Text einmal mehr erkennen, wie die verschiedenen „Gedanken" auseinander entstehen. Wer eine dauerhafte Entzweiung mit einem Mitbruder verschuldet hat, wird sein Lebtag den Dämon des *Kummers* nicht mehr los, da es ihm an der Möglichkeit fehlt, das Geschehene rückgängig zu machen. Die Gewissensbisse, die sich früher oder später ja einstellen, bleiben fruchtlos. Der Kummer aber ist der Zwillingsbruder des *Überdrusses*, der uns zur Zeit des Gebetes in jenen eigentümlichen Zustand der Akedia stürzt, den Evagrios so treffend beschrieben hat.[33]

Das Ziel der *Praktike* ist es, Gott ein von allen leidenschaftlichen „Gedanken" und „Bildern" und letztlich überhaupt von gedanklichen Vorstellungen geschaffener Dinge[34] „reines" Gebet darzubringen. Dies bedeutet auch, dass unser Intellekt von nichts abgelenkt, „zerstreut" wird. Ein solches „Gebet ohne Zerstreuung" ist ein großes Ding[35], ja es ist der

31 *Or* 12.

32 *Pr* 23.

33 Vgl. G. BUNGE, Akedia. Die geistliche Lehre des Evagrios Pontikos vom Überdruss. Würzburg 1995, 7. Auflage Beuron, 2017.

34 *Or* 56–58.

35 *Pr* 69.

„höchste intellektive Akt des Intellektes“![36] Man kann also – im Sinne des Evagrios – sagen, dass der Mensch voll er selbst nur im Gebet ist. Denn in dieser unmittelbaren, personalen „Zwiesprache des Intellektes mit Gott“[37] findet das geschaffene „Abbild“ zurück zu seinem ungeschaffenen „Urbild“, auf das hin es ja angelegt ist.[38] Der Satan, der diese Beziehung schon am Anfang gestört hat,[39] lässt auch jetzt nicht ab, diese Zwiesprache auf jede erdenkliche Weise zu vereiteln.

> „Wenn der Intellekt anfängt, seine Gebete ohne Zerstreuung zu verrichten, dann spielt sich der ganze Kampf bei Nacht und bei Tag um den jähzornigen Teil der Seele ab“.[40]

Es wäre ein Irrtum zu meinen, dass dieser Kampf in dem Maße nachlässt, wie einer im geistlichen Leben Fortschritte macht. Das Gegenteil ist der Fall! Nicht die Anfänger, sondern die an Erkenntnis „Alten“, d. h. die „geistlichen Väter“, die bereits die „Gabe des Geistes empfangen haben“[41], bekämpft ja der Dämon des Zornes am heftigsten.[42] Denn bei den „Kontemplativen“, den „Schauenden“, haben die Zornessünden die verheerendsten Folgen: sie blenden jene „Augen“ des Intellektes, mit denen er Gott und seine Schöpfung erkennend schaut.

> „Des Nachts erbitten sich die bösen Dämonen aus, den geistlichen Lehrer selbst in Verwirrung zu stürzen; bei Tag bedienen sie sich der Menschen und verstricken ihn in widrige Umstände, Verleumdungen und Gefahren“.[43]

Evagrios warnt daher eindringlich jene, die „noch in Sünden und Zornesausbrüche verstrickt“ sind, „sich frech nach der Erkenntnis göttli-

36 *Or* 35.
37 *Or* 3.
38 In seiner *Ep. Mel.* hat Evagrios aus der Beziehung zwischen Urbild und Abbild eine ganze Theorie einer *unmittelbaren Gotteserkenntnis* entwickelt.
39 Vgl. Gen 3.
40 *Pr* 63.
41 *Ep* 52,7.
42 *Gn* 31.
43 *Or* 139.

cher Dinge auszustrecken oder gar [den Ort] des immateriellen Gebetes zu betreten".[44] Ihr vermeintliches „Gebet in Geist und Wahrheit" wäre dann nämlich nichts weiter als eine groteske Karikatur des „wahren Gebetes". Gott würde solchen Frevel nicht ungestraft lassen.

> „Gleichwie es einem Augenkranken keinen Nutzen bringt, unbedeckt und anhaltend in die pralle und brennende Mittagssonne zu blicken, ebenso ist es auch für den leidenschaftlichen und unreinen Intellekt durchaus nicht von Nutzen, das ehrfurchtgebietende und überragende Gebet in Geist und Wahrheit nachzuahmen. Im Gegenteil, er wird vielmehr die Gottheit zum Unwillen wider sich reizen".[45]

Evagrios war also bereits sehr wohl bekannt, was wir heute „selbstinduzierte Zustände" nennen, die man nur „anempfunden" hat, ohne sie wirklich erlebt zu haben. Bezeichnend ist, dass zu derartigen „Imitationen" (ἀνατύπωσις) vor allem jene neigen, die „noch in Sünden und Zornesausbrüche verstrickt sind". Es ist der sich hinter diesem Zorn verbergende *Hochmut*, der sie treibt, nicht darauf zu warten, wie Moses von Gott aus dem brennenden Dornbusch gerufen zu werden,[46] sondern frech zu versuchen, selbstmächtig den „Ort des Gebetes" zu betreten. Dabei ist das „wahre Gebet" doch ein „Gnadenerweis" (χάρισμα)[47], eine „Gabe" (δῶρον)[48], die Gott „dem gibt, der darum bittet"[49], ja deren man „gewürdigt werden" muss.[50]

Soll also der Zornentflammte gar nicht beten? Mitnichten! Doch statt sich nach dem auszustrecken, was ihm aufgrund seines leidenschaftlichen Zustandes unerreichbar, ja sogar schädlich ist, soll er seine Zuflucht zu jenen „kurzen und anhaltenden"[51] Anrufungen Christi neh-

44 *Or* 145.
45 *Or* 146.
46 *M. c.* 17,36ff; vgl. *Or* 4.
47 *Or* 87.
48 *Or* 70.
49 *Or* 59.
50 *in Ps* 13,7 ζ; 43,4 γ usw.
51 *Or* 98.

men, von denen allenthalben in der frühen Mönchsliteratur die Rede ist, jenen „Stoßgebeten“ (Augustinus), aus denen das wohlbekannte „Jesus-Gebet“ entstanden ist.[52]

> „Wenn du die Feinde in die Flucht schlagen willst, ‚bete unablässig‘ “.[53]

Diese „bündigen“, „angespannten“, „häufigen“, ja „unablässigen“ kurzen Gebete sind das tägliche Brot des – auch und gerade vom Dämon des Zornes[54] – Angefochtenen. Sie werden unter *Tränen* dargebracht, da nichts so sehr „die der Seele innewohnenden Rohheit“ – die ja dämonischen Ursprungs ist[55] – zu erweichen im Stande ist.[56] Doch damit sind wir bereits bei den *Heilmitteln* des entflammten Jähzorns angelangt, von denen später ausführlich die Rede sein soll.[57]

52 Vgl. G. BUNGE, Irdene Gefäße. Die Praxis des persönlichen Gebetes nach der Überlieferung der heiligen Väter, Würzburg 1996, 99ff, 5. Auflage Beuron 2017.

53 *in Ps* 55,10 ε; Zitat: 1 Thess 5,17.

54 *Pr* 54.

55 Vgl. *Or* 91; *Pr* 50 u. ö.

56 *Or* 5.

57 S. u. Kap. VIII.

# Die Blendung des Intellektes

# VII

## VII Die Blendung des Intellektes

Jedem ist wohl die Redewendung von der „blinden Wut" bekannt, dass sich nämlich einer „blindwütig" auf etwas oder jemanden stürzt. Gemeint ist damit zumeist, dass ein Mensch in seiner Erregung bis zu einem gewissen Maße sein physisches Sehvermögen verliert. Evagrios indessen begreift diese „Blindheit" tiefer.

> „Entferne die Gedanken des Zornes
> von deiner Seele,
> und der Zorn weile nicht
> in deinem Herzen,
> und nie wirst du verwirrt sein
> wie der Rauch von Spreu
> die Augen trübt,
> so der Groll den Intellekt
> zur Zeit des Gebetes".[1]

Der Groll verwirrt, „trübt" (ταράσσει) das „intelligible Auge"[2] der Seele, den Intellekt, schlimmer noch, ein erregter Jähzorn „blendet den Schauenden" (τὸν ὁρῶντα)[3]. Kurz, „nichts verfinstert"[4] und „blendet so den Intellekt, wie ein erregter Jähzorn"[5]. Das Bild vom „Auge" ist nicht nur Metapher. Denn wie der Leib fünf Sinne hat, so hat auch der Intellekt fünf geistliche Sinne. Und ähnlich wie der leibliche Gesichtssinn die materiellen Dinge unmittelbar wahrnimmt, so zeigt auch der geistliche Gesichtssinn dem Intellekt die intelligiblen Dinge „bloß" (ψιλά),[6] so wie sie sind. Und gleich wie sich unser leiblicher Gesichtssinn durch unsere beiden leiblichen Augen manifestiert, so hat auch der Intellekt

1 *O. sp.* 4,16.
2 *Or* 27.
3 *KG* V,27.
4 *in Ps* 30,10 ζ.
5 *in Ps* 6,8 δ.
6 *KG* II,35.

zwei „intelligible Augen“, durch die er Gott „schaut“, d. h. erkennt,[7] sei es indirekt durch die „Gründe“ der geschaffenen Naturen, sei es „unmittelbar“, personal „zur Zeit des Gebetes“. Dieses zweifaltige Schauen – Erkennen macht nun der erregte Jähzorn zunichte.

> „Die dämonischen Gedanken blenden das linke Auge der Seele, das sich der Kontemplation des Geschaffenen widmet. Diejenigen gedanklichen Vorstellungen hingegen, die unseren Intellekt (ἡγεμονικόν) prägen und formen, trüben das rechte Auge, das zur Zeit des Gebetes das selige Licht der Heiligen Dreifaltigkeit schaut, jenes Auge, durch das auch ‚die Braut‘ im Hohenlied[8] ‚das Herz‘ des Bräutigams selbst ‚entzückte‘.“[9]

Von diesem hochmystischen Text interessiert uns hier zunächst nur der Anfang. *Alle* „Gedanken“ (im pejorativen Sinn) sind letztlich dämonischen Ursprungs. Ganz besonders gilt dies aber, wie wir sahen, von denen des Zorns. „Blenden“ diese also den Intellekt, den „Schauenden“, dann vermag er das „Geschaffene“ (τὰ γεγονότα) nicht mehr zu erkennen, wie es *wirklich* ist.[10] Die „Kontemplation des Geschaffenen“ umfasst alles, was Gott in Raum und Zeit geschaffen hat, schafft und noch schaffen wird. Es ist leicht zu sehen, was geistige „Blindheit“ hier für Folgen haben muss!

> „Die uns von außen zufallende Erkenntnis versucht, die Gegenstände durch die Gründe aufzuzeigen; jene hingegen, die uns durch die Gnade Christi zuteil wird, stellt dem Geist die Dinge unmittelbar vor Augen (αὐτοψεί), und indem der Intellekt sie anschaut, lässt er ihre Gründe auf sich zukommen. Der ersten [Erkenntnis] steht der Irrtum entgegen, der zweiten Wut und Zorn und was diesen nachfolgt“.[11]

7 Vgl. KG V,54.57 usw.
8 *Cant (Hld)* 4,9.
9 *M. c.* 42.
10 Vgl. *KG* VI,63.
11 *Gn* 4.

Während nämlich die „von den Menschen herrührende Erkenntnis durch sorgsames Studium und Übung gefestigt wird", bedarf es bei der „aus der Gnade Gottes in uns gelangenden" Erkenntnis der Tugenden der *Gerechtigkeit*, der *Zornlosigkeit* und des *Erbarmens*. „Erstere [Erkenntnis] können auch die Leidenschaftlichen empfangen, für letztere hingegen sind nur die Leidenschaftslosen empfänglich, jene, die auch zur Zeit des Gebetes den sie umstrahlenden, dem Intellekt eigenen Lichtschein (φέγγος) schauen". So hat es Evagrios aus dem Mund seines Lehrers Basileios, „der Säule der Wahrheit", gehört.[12]

Die „äußere Weisheit", jene der „Weisen dieser Welt"[13], ist allein eine Frage intellektueller Fertigkeit. Ihr bevorzugtes Mittel ist, neben Studium und Übung, die „Dialektik".[14] Ein „Irrtum" (πλάνη) auf diesem Gebiet ist gleichsam nur ein „technisches Versagen", das als solches den „Wissenschaftler" nicht in Misskredit bringt und ihm auch schwerlich als moralisches Versagen angelastet werden kann.

Ganz anders jene Erkenntnis, die uns „*aus* Gott" (ἐκ θεοῦ), „*aus* Gottes Gnade" (ἐκ θεοῦ χάριτος) zufließt. Um ihrer teilhaftig zu werden, reichen intellektuelle Fähigkeiten nicht aus.

> „Die Erkenntnis Christi bedarf keiner in der Dialektik versierten, sondern einer schauenden Seele. Die Dialektik wird nämlich auch den unreinen Seelen zuteil, die Schau aber nur den reinen".[15]

„Reinheit" bedeutet „Leidenschaftslosigkeit", vor allem die Freiheit von „Wut, Groll und was diesen nachfolgt", wie Neid, Verdächtigungen, Groll und dergleichen. Positiv bedarf der „Schauende" vor allem der Tugend der *Gerechtigkeit*, die „allen drei Kräften der Seele gemeinsam eigen ist" und deren Werk es ist, „einen gewissen Einklang und ein Zusammenwirken der Teile der Seele zu bewerkstelligen"[16]. Diese Tu-

12 *Gn* 45.
13 *KG* I,73; VI,22.
14 *KG* IV,90.
15 *KG* IV,90 gr.
16 Vgl. *Pr* 89.

gend der Gerechtigkeit zeichnete nicht nur Gregor von Nazianz aus,[17] dem Evagrios so vieles verdankt, sondern auch Antonios den Großen, den er bezeichnenderweise als einen großen Kontemplativen darstellt.

> „Zu dem gerechten Antonios kam einmal einer der damaligen Weisen und sprach: ‚Wie hältst du es aus, Vater, da du des Trostes, der aus den Büchern fließt, entbehrst?' Der aber antwortete: ‚Mein Buch, Philosoph, ist die Natur der Geschöpfe, und es ist [stets] zugegen, wenn ich [in ihm] die Worte [oder Gründe: λόγοι] Gottes zu lesen wünsche'."[18]

Sodann bedarf es der Tugenden der Zornlosigkeit und des Erbarmens. Wenn der Gnostiker, der Kontemplative als geistlicher Meister, lehrt, muss er daher frei von Zorn, Groll und Kummer sein.[19] Die Zornlosigkeit ist sogar jene Tugend, der der Gnostiker vor allem bedarf.[20]

> „Gleichwie eine von hereinfallenden Gegenständen gereinigte Quelle klares Wasser fließen lässt, so findet auch ein von Zorn, Groll und leiblichen Sinnen gereinigter Intellekt reine Erkenntnis und verschafft dem, der sie erworben hat, süßes Verlangen".[21]

Die Erkenntnis, die ihm – passiv empfangen[22] – zuteil wird, ist nicht bloßes Wissen, sondern unmittelbar durch „Augenschein" (αὐτοψεί) erworbene Erkenntnis der Dinge, wie sie wirklich sind,[23] nämlich als Geschöpfe Gottes, von dem sie auf ihre Weise künden. Während sich die „Dialektik" notwendigerweise der – aus der leiblichen Realität entwickelten[24] – „Gedanken" (λογισμοί), begrifflicher (νοήματα) oder anschaulicher (θεωρήματα) Vorstellungen bedient, wirkt Gott seine Er-

17 *Gn* 44.
18 *Pr* 92.
19 *Gn* 10.
20 *Gn* 5.
21 *Inst. mon.* Supplement 23.
22 *KG* I,34; vgl. *Gn* 4.
23 *Gn* 4.
24 *in Eccl* 5,1–2 (Gehin 35).

kenntnis unmittelbar in der Seele,[25] weshalb der Kontemplative auch bewusst diese Hilfsmittel unseres Verstandes übersteigen muss,[26] wenn er „ohne jegliche Vermittlung mit Gott Zwiesprache" halten will.[27]

Während ein Irrtum auf dem Gebiet der „uns von außen zukommenden Erkenntnis" von nur relativer Bedeutung ist, da er durch sorgfältiges „Studium" behoben werden kann, die „wissenschaftliche Erkenntnis" also trotz aller zeitweiligen Irrwege und Rückschläge im Prinzip stets fortschreitet, liegen die Dinge auf dem Gebiet der „von Gott herrührenden Erkenntnis" durchaus anders. Hier ist die *innere Verfassung* des Menschen von ausschlaggebender Bedeutung, denn „wie ein starker Sturm vertreibt der Groll den Intellekt weg von dieser Erkenntnis".[28]

> „Eine Versuchung des Gnostikers ist eine falsche Annahme, die dem Intellekt das, was existiert, darstellt, als existiere es nicht, das aber, was nicht existiert, als existiere es, bzw. das, was existiert, als existiere es anders, als es ist".[29]

> „Eine Sünde des Gnostikers ist eine falsche Erkenntnis der Dinge oder ihrer Kontemplation, welche durch irgendeine Leidenschaft entsteht, oder weil das Forschen nicht um des Guten selbst willen geschieht".[30]

Aus solchen „falschen Annahmen" und schließlich „falschen Erkenntnissen" entstehen im Raum des Glaubens jene Erscheinungen, die wir gemeinhin „Häresien" nennen: „Schiffbrüche hinsichtlich des Glaubens"[31], die ihre Opfer um ihr ewiges Heil bringen können, wenn sie sich nicht von ihnen bekehren.

25 *Or* 64.
26 *Or* 56–58; *M. c.* 40.
27 *Or* 3.
28 Vgl. *Mn* 13.
29 *Gn* 42.
30 *Gn* 43.
31 1 Tim 1,9.

„Krieg führt man mit der Kunst der Navigation“:

„Jene, die hinsichtlich des Glaubens Schiffbruch erleiden, bekriegen die Geister, die der Theologie entgegengesetzt sind, nicht mit der Kunst der Navigation. Dasselbe lässt sich von jeder Tugend sagen. Denn es gibt auch einen Schiffbruch hinsichtlich der Besonnenheit, der Liebe und der Freiheit vom Geiz. Auch hinsichtlich einer jeden Lehre der katholischen und apostolischen Kirche kommt es gleicherweise zu einem Schiffbruch. Wenn man aber gegen die Widersacher ‚mit der Kunst der Navigation Krieg führen‘ muss, dann gleicht unser Leben auf der Erde einer Seeschlacht“.[32]

Die Dämonen widersetzen sich also nicht nur den *Tugenden*, indem sie uns zu den ihnen entgegen gesetzten Lastern reizen, sondern auf dem Gebiet der *Theologike* auch den *Glaubenslehren*[33] der „katholischen und apostolischen Kirche“.

„Auf dem Wege selbst, auf dem ich ging, versteckten sie mir Schlingen“:

„Allen Tugenden stellen unsere Feinde nach: Im Mut verbergen sie die Schlinge der Feigheit, in der Besonnenheit die der Unzucht, und in der Liebe wiederum legen sie die Schlinge des Hasses aus. Der Sanftmut flößen sie die Arroganz ein, der Barmherzigkeit das Sicherbarmen nicht um Gottes, sondern um der Zuschauer willen, und dem Fasten das Fasten um der Menschen willen. Und dies betrifft die *Praktike*. Was müsste man wohl noch über die Kontemplation sagen, wie viele Schlingen die Feinde durch die Häresien den rechtgläubigen Lehren im Verborgenen gelegt haben?!“[34]

„Häresien“ sind also nicht bloße „dogmatische Irrtümer“, vergleichbar den „wissenschaftlichen Irrtümern“, sondern in den Köpfen jener, die sie ausbrüten bzw. ihnen erliegen, das Werk der Dämonen.[35] Evagrios

32 *in Prov* 24,6 (Gehin 266).
33 Vgl. *KG* I,10 u. ö.
34 *in Ps* 141,4 α.
35 *Mn* 123.

versichert uns, dass er dies sogar am eigenen Leib erfahren hat.[36] Empfänglich für solche dämonischen Verblendungen sind nur jene, deren Geist zuvor vom Dämon des Zornes „geblendet" wurde und des göttlichen „Lichtes" der Erkenntnis verlustig gegangen ist. Wer eine solche „Niederlage" hat einstecken müssen und sich nicht bekehrt hat, der wird dann leicht zum „Haupt falscher Lehren und Meinungen"[37], zum Häresiarchen oder Sektengründer. Ohne dass er sich dessen selbst bewusst würde, tut er dabei das Geschäft des Dämons des Zornes, der ihn „Tag und Nacht bekriegt".[38]

Wie wir oben sahen, „blendet der dämonische Gedanke das linke Auge der Seele, das sich der Kontemplation des Geschaffenen widmet".[39] Der Betroffene kommt dann z. B. zu einer „falschen Erkenntnis der Dinge selbst oder ihrer Kontemplation, die dem Schöpfer unterschiebt, er sei ungerecht oder unweise"[40], d. h. die Welt sei nicht Ausdruck der Gerechtigkeit und Weisheit Gottes, sondern den Menschen treffe ein ungerechtes und letztlich sinnloses Schicksal. Solche Vorstellungen findet man etwa in der „fälschlich so genannten Gnosis"[41] alter und neuer Prägung.

Darüber hinaus gibt es auch im engeren Sinn „theologische" Häresien, d. h. solche, die nicht nur Gottes Handeln, sondern Gottes Sein selbst betreffen, indem sie etwa die Wesensgleichheit des Heiligen Geistes leugnen. Dass es sich hier nicht um rein akademische Fragen handelt, erhellt aus der Tatsache, die Evagrios sehr deutlich betont, dass eine solche Leugnung der *Taufe* jeglichen soteriologischen Wert nimmt[42] und damit auch dem geistlichen Leben den ontologischen Boden entzieht! Doch von all diesen Dingen kann hier nicht weiter die Rede sein.

36 *Mn* 126; vgl. *Vita* 11, s. u. Kap. XII.
37 *KG* V,38.
38 Vgl. *KG* IV,47.
39 *M. c.* 42.
40 *in Ps* 143,7 ε.
41 1 Tim 6,20.
42 *in Prov* 22,28 (Gehin 249 mit Kommentar).

Nachdenklich machen sollte jedoch die Vorstellung des Evagrios, dass *moralische Defekte* unweigerlich Folgen auch auf dem Gebiet der „Erkenntnis" und der „geistlichen Kontemplation" haben, und umgekehrt, dass jede Art von „Häresie" nicht einfach eine intellektuelle Fehlleistung ist, sondern ein Werk der Dämonen in jenen, die sie zuvor durch das Laster des Zornes „geblendet" haben. Wie anders sähe die Geschichte der Kirche aus, wenn sich alle an dogmatischen Streitigkeiten Beteiligten sorgfältiger vor den Zornessünden in acht genommen hätten!

Und nicht nur dann, wenn sie in vermeintlich „heiligem Eifer" wider vermeintliche oder tatsächliche „falsche Lehren" zu Felde zogen, sondern auch bei all jenen Konflikten, die zu Spaltungen innerhalb der Kirche geführt haben. Denn auch die *Schismen* der Kirchengeschichte sind, davon ist Evagrios überzeugt, nichts anderes als das Werk der Dämonen,[43] allen voran des Dämons des Zornes. Solche Konflikte soll man im Gegenteil nach dem Wort des Propheten Joel[44] mit kämpferischer Sanftmut oder sanfter Festigkeit[45] lösen. Wer sich an diese Regel nicht hält, wer also die *Liebe* außer acht lässt, dessen geistliches Leben, mag es sonst auch noch so asketisch sein,[46] ist nichts weiter als frommer Selbstbetrug.

> „Denn dies weiß ich zuverlässig, dass die, die die Kirche des Herrn spalten, weit entfernt sind vom reinen Gebet"![47]

Denn wie sollte es auch „rein" sein, wenn es von Gedanken des Zornes befleckt ist? Hier sei an das erinnert, was wir im vorhergehenden Kapitel über die Beziehung zwischen Zorn und Gebet gesagt haben. Wer Groll in seinem Herzen hegt und sich einbildet zu beten, „gleicht Leuten, die Wasser schöpfen und in ein löchriges Fass schütten".[48] Das Ge-

43 Vgl. *Ep* 52,5.
44 Joel 3,11: „Der Sanfte sei ein Kämpfer".
45 *Ep* 24,2.
46 *Ep* 56,5.
47 *Ep* 52,5.
48 *Or* 22.

bet des Zornigen ist eine subtile Art des Götzendienstes, da er nicht Gott, sondern stets das Antlitz dessen im Geiste vor sich hat, über den er wütend ist.[49] Schlimmer noch stehen die Dinge, wenn ein solcher Wüterich es wagt, „sich frech nach der Erkenntnis göttlicher Dinge auszustrecken oder gar [den Ort] des immateriellen Gebetes zu betreten“.[50] Sein vermeintliches „Gebet in Geist und Wahrheit“ ist dann nichts anderes als eine „Imitation“, eine Karikatur also der höchsten Stufe des geistlichen Lebens, die ihm Gott keineswegs geneigt macht, sondern vielmehr zum Zorn wider den Verwegenen reizt.[51] Er ist ja in Gottes Augen nichts anderes als ein verkappter „Dämon“.

49 *M. c.* 37,23ff.
50 *Or* 145.
51 *Or* 146.

# Die Heilmittel

# VIII

## VIII Die Heilmittel

Alle Laster entstehen aus einem *Missbrauch* der an sich guten Vermögen der Seele. Um diese „Erkrankungen" der Seele zu heilen, bedarf es der Übung der dem jeweiligen Laster entgegen gesetzten Tugend. Im Fall der Erkrankung, der „Entzündung", wie Evagrios sagt,[1] des jähzornigen Teiles, sind dies „Mut und Ausdauer"[2] und vor allem die spezifisch christliche „Liebe"[3], die sich konkret als „Sanftmut" und „Demut" manifestiert.[4] Diese packen das Laster gleichsam an der Wurzel. Darüber hinaus gibt es auch noch eine ganze Reihe anderer Heilmittel, wie die Erfahrung lehrt. In ihnen werden die genannten Tugenden in die Tat umgesetzt. Beginnen wir mit diesen.

> „Das Werk der Ausdauer und des Mutes ist es, vor den Feinden nicht zu erschrecken und entschlossen die Schrecknisse auszuhalten".[5]

Diese „Feinde" sind natürlich die Dämonen, nicht etwa Mitmenschen. „Die Natur des Jähzorns ist es, die Dämonen zu bekämpfen"[6], hieß es oben. Da diese „Widersacher" für uns unsichtbar sind[7] und wir ihr Wirken im Allgemeinen nur durch die bösen „Gedanken" wahrnehmen, „durch die sie die Seele bekriegen"[8], spielt sich unsere Auseinandersetzung mit ihnen vornehmlich auf dieser Ebene ab.[9] Hier kommt daher auch der „naturgemäße Zorn" zum Zuge.

---

1 *Gn* 47.
2 *Pr* 89.
3 *KG* I,84; *Vg* 41 u. ö.
4 *in Prov* 31,21 (Gehin 377).
5 *Pr* 89.
6 *Pr* 24.
7 *KG* I,22.
8 *Eul* 15.
9 *Ant Prol* 9.

> „Äußerst hilfreich wider derartigen Gedanken ist auch das wider den Dämon angeregte Kochen des Zornes, denn er fürchtet vor allem diesen wegen der Gedanken erregten Zorn, der seine gedanklichen Vorstellungen zunichte macht. Dies bedeutet auch das Wort[10]: ‚Zürnet und sündiget nicht.' Dieses Heilmittel ist nützlich, wenn es bei solchen Versuchungen der Seele verabreicht wird".[11]

Dies gilt für die *Praktike*. Im geistlichen Leben des „Gnostikers", des Kontemplativen, hat der *Mut* die Aufgabe, „bei der Wahrheit standhaft auszuhalten, auch wenn man [dafür] angefeindet wird, und nicht auf das einzugehen, was nicht existiert", wie Evagrios von seinem Lehrer Gregor von Nazianz gelernt hat.[12] Welche Rolle der Jähzorn dabei im einzelnen spielt, legt Evagrios in folgendem schönen Kapitel dar, dessen biblische Symbolsprache für den modernen, mit der praktischen Allegorese nicht mehr vertrauten Leser allerdings ohne Hilfe nicht mehr so ohne weiteres durchsichtig ist.

> „Der Herr hat dem Menschen, wie einem guten Hirten, die gedanklichen Vorstellungen dieser Welt gleichsam wie Schafe übergeben. Denn ‚er hat ja in sein Herz – wie geschrieben steht – den Äon gegeben'[13], indem er ihn zur Hilfe mit dem Jähzorn und dem Begehren zusammenspannte, damit er durch den Jähzorn die gedanklichen Vorstellungen der ‚Wölfe'[14] in die Flucht jage, und durch das Begehren die ‚Schafe' zärtlich liebe, selbst wenn er oft von Regengüssen und Wind getroffen würde. Er gab ihm darüber hinaus auch eine ‚Weide', um die Schafe zu weiden, und einen ‚grasreichen Ort' und das ‚Wasser der Erquickung'[15], ein ‚Psalterion' und eine ‚Zi-

10 Ps 4,5.

11 *M. c.* 16,16–22. Evagrios bezieht sich hier auf die Versuchungen der *Unzucht*.

12 *Gn* 44.

13 Eccl 3,11; vgl. *in Eccl* 3,10–13 (Gehin 15).

14 Gemeint sind die Dämonen, vgl. auch *M. c.* 13.

15 Ps 22,2. „Wie die Schafe durch Gras und Wasser genährt werden, so wird auch der Mensch durch *Praktike* und Erkenntnis belebt" (*in Ps* 22,2 α).

> ther'[16], eine ,Rute' und einen ,Stab'[17], damit er sich von dieser Herde nähre und kleide und das ,Gras der Berge einsammle'[18]. ,Wer weidet nämlich eine Herde, heißt es, und isst nicht von der Milch der Herde?'[19]
>
> Der Anachoret muss also des Nachts und bei Tage diese Herde hüten, damit nicht etwa eine der gedanklichen Vorstellungen von ,wilden Tieren' gepackt werde oder unter die ,Räuber' falle. Falls aber je etwas Derartiges im Talgrund geschieht, muss er sie sofort ,dem Rachen des Löwen oder des Bären entreißen'[20] ..."[21]

Der ,Hirte', dessen mühsames Leben Evagrios hier schildert, ist *Jakob*, das alttestamentliche Vorbild des „Praktikos"[22], aus dem dann, nachdem er sieben Jahre um die ungeliebte Lea und dann noch einmal sieben Jahre um die geliebte Rachel, Symbole der *Praktike* und der *Gnostike*[23], gedient hat, „Israel" wird, der *Kontemplative*[24], der „Mann, der Gott sieht"[25].

Die Tugend des Mutes befähigt den Jähzorn also, seiner Natur gemäß zu wirken, d. h. „die Dämonen zu bekämpfen und für eine wie auch immer geartete Lust zu streiten"[26]. Der Jähzorn ist gleichsam der

16 Ps 56,9. Das *Psalterion* ist Symbol des Intellektes, die Zither das der Seele (*in Ps* 56,9 ε).

17 Ps 22,4. Die *Rute* ist Symbol der *Praktike*, der *Stab* ein Symbol der Erkenntnis (*in Ps* 22,4 γ).

18 Prov 27,25. Das „ Gras der Berge" ist ein Symbol der Erkenntnis Gottes (*in Prov* 27,25 [Gehin 341]).

19 1 Kor 9,7.

20 1 Sam 17,34f.

21 *M. c.* 17,1–17.

22 *in Ps* 77,21 η; vgl. 86,2 α.

23 *Or* Prol.

24 *in Ps* 77,21 η.

25 Die Deutung des Namens „ Israel" geht auf Philo von Alexandrien, De Abraham 57 u. ö., zurück. Klemens von Alexandrien hat sie aufgegriffen, vgl. *Paidagogos* I,57,2; 77,2; *Stromata* I,31,4; II,20,2 u. ö., und so Evagrios vermittelt, der ein eifriger Leser des Klemens war.

26 *Pr* 24.

„Hund“ der Seele, dessen Aufgabe es ist, die „Wölfe“ [d. i. die Dämonen] zu vernichten.[27] Gegen diese sollen wir also unsere ganze Aggressivität richten.

> „Der Hass gegen die Dämonen ist überaus förderlich zum Heil und nützlich beim Wirken der Tugend. Doch haben wir nicht die Kraft, ihn in uns selbst wie einen guten Sprössling zu nähren, weil die genusssüchtigen Geister ihn vernichten und die Seele wieder zu Freundschaft und vertrautem Umgang einladen. Diese Freundschaft, oder vielmehr dieses schwer heilbare Krebsgeschwür heilt der Arzt der Seelen durch das [von Gott] Verlassenwerden. Er gestattet nämlich, dass wir bei Nacht oder bei Tag mancherlei Schrecken von ihnen zu erdulden haben und die Seele wieder zu dem ursprünglichen Hass zurückeilt, da sie gelernt hat, nach den Worten Davids zum Herrn zu sagen: ‚Mit vollkommenem Hass habe ich sie gehasst, zu Feinden sind sie mir geworden!‘[28] Der nämlich hasst die Feinde mit vollkommenem Hass, der weder in der Tat noch in Gedanken sündigt, was ein Merkmal der ersten und größten Leidenschaftslosigkeit ist“.[29]

Diese „Faustschläge“ gegen die Dämonen, die der jähzornige Teil der Seele austeilt, sind also lobenswert und ein Zeichen der natürlichen *Stärke* dieses irrationalen Vermögens.[30] Evagrios empfiehlt diese Methode daher auch beim *Gebet*, das ja jener Augenblick ist, da sich die Zornessünden am schlimmsten rächen.

> „Bete nicht, wenn du versucht wirst, ehe du nicht ein paar Worte mit Zorn wider den dich Bedrängenden gesagt hast. Denn da deine Seele von den Gedanken befallen ist, geschieht es, dass auch dein Gebet nicht rein dargebracht wird. Wenn du jedoch voll Wut etwas wider sie sagst, vereitelst und vernichtest du die gedanklichen Vor-

27 *M. c.* 13,18ff.
28 Ps 138,22.
29 *M. c.* 10.
30 Vgl. *in Eccl* 7,3–7 (Gehin 56).

> stellungen der Widersacher. Dies pflegt nämlich die Wut selbst bei den guten gedanklichen Vorstellungen zu bewirken".[31]

Auch der „Gnostiker", der ja an sich bereits Herr der Laster sein sollte, bedarf noch des Mutes, wie wir sahen. Evagrios trifft daher folgende feine Unterscheidung:

> „Der Tor lässt seinen ganzen Zorn heraus, der Weise hingegen spart sich einen Teil auf":

> „Derjenige, der ‚sich einen Teil des Zornes aufspart', ist entweder der, der [nur] um gerechter Anlässe willen zürnt, oder der, der durch die Langmut einen Teil des Zornes aufzehrt. Die Einfältigeren lehre man ersteres, letzteres die Strebsamen".[32]

Die für alle geltende Regel lautet also, dass wir – nach dem Wort des Propheten Joel 3,11, das Evagrios hier gerne zitiert – zugleich „sanft und kämpferisch" sein sollen, ersteres den Mitmenschen gegenüber, letzteres dem Feind, der „Schlange" gegenüber.[33] So werden wir an unserer Seele keinen Schaden nehmen, wie Evagrios von Makarios dem Großen gelernt hat.[34]

Das Zitat aus Joel 3,11 lehrt, dass wir es nicht bei einer reinen Abwehrhaltung den Dämonen gegenüber bewenden lassen sollen. Um den erkrankten Jähzorn zu heilen, muss als positive Haltung die typisch christliche *sanftmütige Liebe* hinzukommen. Denn da „dem Jähzorn Liebe und Hass widerfahren"[35], ist es folglich die „geistliche Liebe"[36], die „den entzündeten Teil des Jähzorns heilt"[37]. Diese einfache und doch so große Wahrheit wiederholt Evagrios unablässig.

---

31 *Pr* 42.
32 *in Prov* 29,11 (Gehin 363).
33 *Eul* 10.
34 *Pr* 93.
35 *KG* I, 84.
36 *Pr* 35.
37 *Gn* 47.

„Wut und Hass vermehren den Jähzorn, Barmherzigkeit und Sanftmut vermindern selbst den vorhandenen".[38]

Der Mensch ist „Geist in Leib"[39], welch letzterer ein integraler Bestandteil des ihm „verwandten" [und zugleich mit ihm entstandenen] materiellen Kosmos ist.[40] Aus der Wechselbeziehung zwischen den irrationalen, an den Leib gebundenen Vermögen und der uns umgebenden sinnlichen Welt entstehen die Leidenschaften, wenn wir uns in der entsprechenden „Empfänglichkeit" für sie befinden.

„Durch die Sinne pflegen die Leidenschaften angeregt zu werden. Wenn nun Liebe und Enthaltsamkeit vorhanden sind, werden sie nicht angeregt, sind jene abwesend, werden sie angeregt. Der Jähzorn indessen bedarf reichlicherer Heilmittel als das Begehren. Deshalb wird auch die Liebe ‚groß' genannt, weil sie ein Zaun für den Jähzorn ist. Diese nannte auch der hl. Moses in seinem Buch über die Natur symbolisch eine ‚Schlangenbekämpferin' ".[41]

Diese „heilige Liebe"[42], die sich auf mannigfaltige Weise als Erbarmen, Barmherzigkeit, Güte, Demut, Langmut, Wohltun und vor allem als Sanftmut manifestiert, setzt als erstes auf Seiten dessen, der sie besitzt oder zu erwerben begehrt, eine grundsätzliche *Versöhnungsbereitschaft* voraus, wie Christus selbst sie uns gelehrt hat.

„Der Schuldner der tausend Talente belehre dich darüber, dass auch du, wenn du deinem Schuldner nicht vergibst, keine Vergebung erlangen wirst. Es heißt nämlich: ‚Er übergab ihn den Folterknechten'!"[43]

---

38 *Pr* 20; vgl. *KG* III,35.

39 *Sk* 35.

40 *in Ps* 43,20 ι β.

41 *Pr* 38. Evagrios zitiert 1 Kor 13,13 und Lev 11,22. Das letzte Zitat ist durch den Namen der dort erwähnten Heuschreckenart, im Griechischen ὀφιμάχης, angeregt, was wörtlich „Schlangenbekämpfer(in)" bedeutet. Die „Schlange" ist natürlich der *Dämon*, den die *Liebe* ja bekämpfen soll.

42 *Ep* 60,2.4.

43 *Or* 104; vgl. Mt 18,24–35.

„Diese Sanftmut [des Moses] lege deinen Brüdern dar, und tu dich [nicht] schwer, die Reue für den Zorn anzunehmen".[44]

Ohne diese Versöhnungsbereitschaft, die gar nicht danach fragt, wer im Recht ist, gibt es auch kein „reines Gebet". Denn der Groll, das „Sich-des-Bösen-Erinnern" (μνησικακία), würde ja das Gebet unweigerlich verunreinigen, wie wir sahen.

„Es heißt[45], ‚lass deine Gabe vor dem Altar und geh zuerst hin und versöhne dich mit deinem Bruder und dann komm' und bete ungetrübt'. Der Groll verdunkelt nämlich den Intellekt (ἡγεμονικόν) des Beters und verfinstert seine Gebete".[46]

Evagrios greift denselben Evangelientext noch einmal auf und führt den Gedanken weiter.

„Wenn der Bedürfnislose und Unbestechliche den mit ‚einer Gabe zum Altar Kommenden' nicht annahm, ehe er sich nicht ‚mit seinem Nächsten, der wider ihn verärgert war, versöhnt hatte'[47], bedenke, wie vieler Wachsamkeit und Unterscheidungs[gabe] es bedarf, um Gott ein angenehmes ‚Weihrauchopfer' auf dem intelligiblen Altar darzubringen".[48]

Mit dem „intelligiblen Altar" ist natürlich unser Intellekt gemeint,[49] auf dem wir Gott unsere Gebete wie ein wohlriechendes „Weihrauchopfer" darbringen.[50] Und zwar nicht irgendwelche Gebete, sondern jenes höchste und vollkommenste „in Geist und Wahrheit", das wir wie die vierundzwanzig Ältesten der Apokalypse in der „Schale" der „vollkom-

44 *Ep* 56,4 gr.
45 Mt 5,24.
46 *Or* 21.
47 Vgl. Mt 5,23f.
48 *Or* 147.
49 *in Ps* 25,6 δ; vgl. *KG* V,53; *Sk* 6: „Weihrauch*altar*".
50 Vgl. *Or* 1; *O. sp.* I,25. Zum Gebet als *Weihrauch* der Seele vgl. Klemens von Alexandrien, *Stromata* VII,32,5.

menen und geistlichen Liebe“ dem Herrn opfern.[51] Was auf dem Spiel steht, ist also das Ziel des geistlichen Lebens selbst!

Wer die Schriften des Evagrios aufmerksam liest, wird feststellen, dass er stets und ohne weitere Begründung die Liebe mit der *Sanftmut* gleichsetzt. Was er unter dieser durch ständigen Missbrauch leider heute so abgewerteten Tugend versteht, ist indessen leicht zu sehen. Die Sanftmut hat zwei Seiten, je nachdem wie man sie betrachtet.

> „Gedenke, Herr, des David und all seiner Sanftmut“:
>
> „Dessen gedenkt der Herr, in den er kommt,[52] und dessen gedenkt er nicht, in den er nicht kommt. Wenn der Herr nun der Sanftmut gedenkt, dann bedarf es großer Zornlosigkeit, damit einer den Herrn aufnehme. Sanftmut nämlich ist Unerschütterlichkeit des Jähzorns, die dank des Verzichtes auf vergängliche Freuden zustande kommt“.[53]

Sanftmut ist also zunächst *Abwesenheit von Zorn* und was diesem folgt, eine „Unerschütterlichkeit“ (ἀταραξία) des Jähzorns inmitten aller Versuchungen, sich aufzuregen. Doch das ist nur die eine Seite. Der hier genannte David ist eines der beiden alttestamentlichen Vorbilder Christi, der selbst von sich gesagt hat: „Lernet von mir, denn ich bin von Herzen sanft und demütig“.[54] Das andere, immer wieder zitierte Vorbild ist Moses, von dem die Schrift sagt, er sei „überaus sanftmütig, mehr als alle Menschen auf Erden“[55] gewesen. An Christus selbst und seinen beiden alttestamentlichen Vorbildern wird bereits deutlich, dass diese Tugend der Sanftmut nichts Schwächliches an sich hat, sondern vielmehr die *Tugend der Starken* ist. So sieht denn auch Evagrios seinen Gnostiker – nach dem Wort des Propheten Joel 3,11: „Der Sanfte sei ein

51 *Or* 77; Zitat: in Offb 5,8.

52 Was mit dieser Wendung gemeint ist, lehrt folgendes Scholion: „Bis ich für den Herrn einen Ort finde: Ort des Herrn ist der reine Intellekt“ (*in Ps* 131,5 β).

53 *in Ps* 131,1 α.

54 Mt 11,29.

55 Num 12,3.

Streiter" – als zugleich „sanften" und doch auch energischen, „streitbaren" Menschen.[56]

> „Halte dich selbst in Bereitschaft, sanftmütig zu sein und streitbar, ersteres deinem Stammesgenossen, letzteres dem Feind gegenüber. Darin nämlich besteht der [rechte] Gebrauch des Jähzorns: im Kampf mit Feindschaft wider die Schlange.[57] Und darin besteht die Milde des Sanftmütigen: aus Liebe mit dem Bruder langmütig sein und den [bösen] Gedanken bekriegen. ‚Der Sanfte sei also streitbar', wobei seine Sanftmut abgelöst ist von den hinterlistigen Gedanken, gleichwie seine Streitbarkeit von den der Natur nach Verwandten. Wende den Gebrauch des Jähzorns nicht wider die Natur, indem du deinem Bruder zürnst ‚nach Art der Schlange'[58], mit der Schlange hingegen Freundschaft hältst im Hinblick auf die Zustimmung zu den Gedanken!
>
> Der Sanfte steht nicht von der Liebe ab, auch wenn er die schlimmsten Dinge zu erleiden hätte. Denn um dieser [Liebe] willen ist er langmütig und duldsam, milde und geduldig.[59] Denn wenn der Liebe die Langmut eigen ist, so folglich nicht das zornige Streiten. Denn Zorn weckt Kummer und Hass, Liebe aber verringert alle drei.
>
> Wenn du einen festen Stand in der Liebe hast, hab mehr acht auf diese als auf den, der dich stößt. Mit Ehrfurcht und Liebe diene Gott, ersteres insofern er Herr und Richter ist, letzteres insofern er die Menschen liebt und ernährt. Wer die Tugenden der Liebe erworben hat, setzt die Leidenschaften der übrigen Dämonen gefangen, und wer von der Heiligen Dreifaltigkeit diese drei empfangen hat: ‚Glaube, Hoffnung und Liebe'[60], wird eine Stadt mit dreifacher Mauer sein, die wie von Türmen durch die Tugenden bewacht ist ..."[61]

56 *Ep* 16,2; 24,2.
57 Vgl. Gen 3,15.
58 Ps 57,4.
59 1 Kor 13,4–7.
60 1 Kor 13,13.
61 *Eul* 10.

An dem Beispiel Christi und seiner beiden alttestamentlichen Vorbilder Moses und David lässt sich deutlich ablesen, worin das Wesen dieser „sanften Stärke" besteht. Weder in schwächlicher Nachgiebigkeit noch in rücksichtslosem Ausspielen der eigenen Kraft und Überlegenheit, sondern im Gegenteil in der *Hingabe seiner selbst,* damit der andere Leben habe. Die Schrift lehrt uns ja, dass „selbst ein einziger Heiliger wie Moses in der Lage ist, den auf einem ganzen Volk lastenden Zorn abzuwenden!"[62]

> „Sag mir doch, warum hat die Schrift, als sie Moses preisen wollte, alle Wunderzeichen beiseite gelassen und einzig der Sanftmut gedacht? Denn sie sagt nicht, dass Moses Ägypten mit den zwölf Plagen züchtigte und das werte Volk aus ihm herausführte. Und sie sagt nicht, dass Moses als erster das Gesetz empfing und dass er die Einsichten der vergangenen Welten erlangte.[63] Und sie sagt nicht, dass er mit dem Stab das Schilfmeer teilte und dem dürstenden Volk aus dem Felsen Wasser hervorquellen ließ. Sondern sie sagt, dass er ganz allein in der Wüste im Angesichte Gottes stand, als dieser Israel vernichten wollte, und bat, mit den Söhnen seines Volkes ausgelöscht zu werden. Menschenliebe und Verbrechen stellte er vor Gott hin, indem er sprach: ‚Vergib ihnen, oder streiche mich aus dem Buch, das du geschrieben hast'.[64] Dies sprach der Sanftmütige! Gott aber zog es vor, lieber denen zu vergeben, die gesündigt hatten, als dem Moses ein Unrecht zu tun".[65]

Dieser Sanftmut verdankte es Moses, dass er als einziger „mit Gott von Angesicht zu Angesicht sprach"[66] und von ihm die Gründe der Schöpfung „in einer Schau und nicht [nur] im Gleichnis"[67] erfuhr.[68] Denn die sanftmütige Liebe, die „Mutter der Erkenntnis"[69], ist das „Tor zur natür-

62 *in Ps* 105,23 ι α.
63 Vgl. unten Anm. 71, S. 100.
64 Ex 32,32.
65 *Ep* 56,6.
66 Ex 33,11.
67 Num 12,8.
68 *Ep* 27,3.
69 *Ep* 27,2.

lichen Erkenntnis“[70], von der eben die fünf Bücher des Moses Zeugnis ablegen.[71] Ja, als „Freundschaft mit Gott“ und „vollkommene und geistliche Liebe“ ist sie sogar der Ort, an dem das „Gebet in Geist und Wahrheit wirksam wird“![72]

So verstandene Liebe ist ein hohes Ideal. Um sich ihm schrittweise zu nahen, bedarf es kleiner, alltäglicher Schritte. Der Zorn manifestiert sich ja beim Menschen auch – im Unterschied zu den Dämonen – meist nicht in einer eingefleischten Grundhaltung, sondern in kleinen alltäglichen Zwischenfällen. Wie stets, lässt sich Evagrios auch hier von der Heiligen Schrift leiten.

> „Wut und Zorn wendet Liebe ab,
> Groll aber zerstören Geschenke“.[73]

Dies sagte schon der weise Salomo,[74] und Evagrios sagt es ihm nach. Dabei soll – wie Salomo mahnt – wenn möglich die „Gabe im Geheimen“ geschehen, „damit die Linke nicht wisse, was die Rechte tut“[75], und so der *eitle Ruhm*, der jede Gelegenheit zu nutzen weiß, sich nicht einzuschleichen vermag.

> „Den Groll löschen Geschenke aus. Davon überzeuge dich Jakob, der Esau, der ihm mit vierhundert Mann entgegen zog,[76] durch Geschenke besänftigte …“[77]

Geschenke zu verteilen vermag indessen nur, wer über die nötigen Mittel verfügt. „Wir [Mönche] aber, die wir arm sind, wollen unsere Bedürf-

70 *Pr* Prol [8].
71 Moses als Verfasser des Buches „Über die Natur“, d. h. die *Schöpfung*, gemeint ist das Buch Genesis, vgl. *Pr* 38; *KG* II,64; *Ep. Mel.* 37.
72 *Or* 77.
73 *Vg* 41.
74 Prov 21,14.
75 Mt 6,3; *in Prov* 21,14 (Gehin 225).
76 Gen 32,6ff.
77 *Pr* 26; vgl. *Ant* V,1.

tigkeit durch den Tisch wettmachen“[78], und dies umso mehr, wenn wir unseren Feind „in bitterer Armut sehen“[79]. Der Schriftvers, auf den sich Evagrios dabei beruft, scheint zwar auf den ersten Blick nicht eben versöhnlich zu sein.

> „Wenn dein Feind hungert, nähre ihn, wenn er dürstet, tränke ihn. Indem du dies tust, häufst du nämlich glühende Kohlen auf seinem Haupt an ...“[80]

Doch Evagrios ist nicht darum verlegen, den „mystischen Sinn“ dieser Stelle zu entschlüsseln, dadurch dass er sie „intelligibel und geistlich“[81] deutet: „indem du [dadurch] seinen Intellekt durch Güte und Wohltun reinigst“[82]. Das „Feuer“ ist ja im „intelligiblen und geistlichen“ Verständnis kein Mittel zur Vernichtung, sondern zu *Reinigung* und damit Rettung des Sünders![83]

> „Wenn dein Bruder dich erbitterte, führe ihn in dein Haus,
> und zögere nicht, bei ihm einzutreten,
> sondern iss deinen Bissen mit ihm.
> Indem du dies tust, wirst du nämlich deine Seele retten,
> und es wird dir zur Zeit des Gebetes kein Anstoß widerfahren“.[84]

Wer diese Versöhnungsbereitschaft nicht aufbringen will, dem verabreicht der kluge „Arzt der Seelen“, Christus, ungefragt die bittere Medizin der Beleidigung,[85] Beschimpfung und Verachtung seitens der Mitmenschen, die wie ein chirurgisches Brenneisen ins Fleisch schneiden[86] und die entzündete Wunde ausbrennen und damit heilen. Hier wird die *Sanftmut* auf die härteste Probe gestellt.

78 *Pr* 26.
79 Vgl. *Ant* V,28.
80 Prov 25,21f.
81 *in Prov* 23,1.3 (Gehin 250–251).
82 *in Prov* 25,21f (Gehin 314).
83 *in Ps* 19,4 α u. ö.
84 *Mn* 15.
85 *Ep* 51,2.
86 *Ep* 52,2.

> „[Sprich] zu der Seele, die nicht begreift, dass dann Beschimpfungen seitens der Menschen erfolgen, wenn Gott es zulässt, dass sie versucht wird".[87]

Evagrios führt dann der zu Zorn und Rache versuchten Seele das Beispiel des sanftmütigen David an, der demütig die Verwünschungen des Benjaminiten Simei ertrug![88] An dieser Haltung erkennt man auch den „wahren Gnostiker".

> „Es ist schändlich für einen Gnostiker, zu prozessieren, sei es als Opfer eines Unrechtes, sei es als Unrecht Tuender. Als Opfer: weil der [die Ungerechtigkeit] nicht erduldet hat, als Täter: weil er ein Unrecht begangen hat".[89]

Ähnliches lasen wir schon an anderer Stelle.[90] Schwerer noch ist die Prüfung, wenn man persönlich beleidigt und zu Unrecht angeklagt wird.[91] In diesem Fall „muss man für die Feinde beten, um nicht dem Groll anheimzufallen"[92], aber auch denen, die in unserer Gegenwart andere verleumden, den Mund stopfen.[93] Noch besser, man verstopft auch die eigenen Ohren[94] – und *schweigt*. Wie wir noch sehen werden, weiß Evagrios sehr wohl aus eigener Erfahrung, wovon er spricht. Auch ihm ist schon zu Lebzeiten ungerechte Kritik und Verleumdung nicht erspart geblieben.[95] Anstatt sich nun lauthals zur Wehr zu setzen, hat er die Demütigungen – sehr zum Erstaunen seiner Zeitgenossen und selbst der Späteren – schweigend hingenommen, ohne Groll auf seine Verleumder, die er vielmehr als seine „Wohltäter" betrachtete, aufkommen zu lassen. Streitereien waren ihm nämlich von Herzen zuwider.[96]

---

87 *Ant* V,8.
88 2 Sam 16,11ff.
89 *Gn* 8.
90 *M. c.* 32.
91 *Gn* 32.
92 Vgl. *in Ps* 108,4 β.
93 *Gn* 32.
94 *Eul* 17.
95 S. u. Kap. XII.
96 *Ep* 52,5.7.

> „Ferner hast du mir sodann geschrieben, als ob Feinde mit uns kämpften. Ich aber fürchte mich nicht vor den Menschen, sondern ich fürchte mich vor ‚Esau'[97], dass er etwa kommen möchte und mich schlage und ‚die Mutter samt meinen Kindern niederstrecke'[98], meinen Intellekt für die Erkenntnis tot mache und meinen Sinn kinderlos, weil er der Früchte der Tugend beraubt ist. Die sichtbaren Feinde hingegen nenne ich Wohltäter. Züchtiger nämlich sind sie meiner ruhmsüchtigen Seele durch ihre Beleidigungen. Ich tadle nämlich die mich Beschimpfenden nicht und stoße den Arzt der Seelen nicht von mir, der mir die Gesundheit durch den Verband der Verachtung zuführt. Ich weiß nämlich, was denen widerfährt, die den Ärzten widerstehen, wie man sie mit Riemen bindet und gegen ihren Willen operiert!"[99]

Abba Zosimas, der diesen Text im 6. Jh. zitiert und kommentiert, schließt mit den treffenden Worten: „Niemand sagt uns die Wahrheit, außer denen, die uns herabsetzen!"[100]

Durch diese bittere Arznei will Christus, der „Arzt der Seelen", den Menschen dazu bringen, *freiwillig* auf alle selbstsüchtigen Begierden zu verzichten.

> „Wider den Jähzorn gewappnet, wirst du niemals eine Begierde zulassen. Diese nämlich liefert dem Jähzorn den Stoff und jener trübt [dann] das intelligible Auge [der Seele] und macht so den Zustand des Gebetes zuschanden".[101]

Gegenstand dieser Begierden sind all jene Anlässe des Zorns, denen wir schon begegnet sind: Nahrung, Kleidung, Besitz, eitler Ruhm.[102] Wer diese „Vorwände des Jähzorns abschneidet", wird unangreifbar für

97 Gen 32,12. *Esau* ist ein Symbol des *Satans*; vgl. *Ep. fid.* 1,13.
98 D. h. den Logos Gottes in seiner Rolle als *Arzt* (Mt 9,12), vgl. *in Ps* 106,20 θ.
99 *Ep* 52,4.
100 Vgl. G. BUNGE, Briefe aus der Wüste, 79f, 2. Auflage, Beuron 2013.
101 *Or* 27.
102 *Ant* V,30.

den Zorn.[103] Das ist leicht einzusehen. Denn „wie die Liebe sich an der Armut erfreut, so ergötzt sich der Hass an Reichtum".[104] „Es flieht ja der Dämon des Zorns, wenn es ihm nicht gelingt, [uns] durch die Wut zu erschüttern. Worüber sollte wohl einer in Wut geraten, wenn er Nahrung, Reichtum und eitlen Ruhm verachtet?"[105]

So hoch das gesteckte Ideal auch ist, es wird nie verstiegen und wirklichkeitsfremd. Mag auch „das Werk der Liebe" darin bestehen, „sich jedem Ebenbild Gottes gegenüber fast ebenso zu verhalten, wie dem Urbild gegenüber, auch wenn die Dämonen Hand anlegen, es zu besudeln"[106], weil ja selbst der ärgste Sünder „als Ebenbild und Gebilde Gottes liebenswert" bleibt,[107] so weiß Evagrios doch, „dass es nicht möglich ist, alle Brüder in gleicher Weise zu lieben" und dass man bei mangelnder Gegenseitigkeit der Liebe sich oft damit begnügen muss, „frei von Groll und Hass allen leidenschaftslos zu begegnen"[108]. So heißt es auch vom Zorn:

> „Es erglühte mein Herz in meinem Inneren":
>
> „Es ist zwar möglich, wenn der Dämon des Zorns an uns herantritt, nicht zu zürnen, unmöglich aber ist wahrscheinlich, nicht zu erglühen".[109]

Wir müssen unser *Herz überwachen*[110]und dürfen bei den Einflüsterungen der Dämonen „nicht stehenbleiben"[111]. Denn „ob alle diese [versucherischen Gedanken der Dämonen] die Seele belästigen oder nicht belästigen, hängt nicht von uns ab. Ob sie jedoch verweilen oder nicht

103 Vgl. *Pr* 99.
104 *Mn* 16.
105 *Ep* 39,4.
106 *Pr* 89.
107 *in Ps* 118,113 v.
108 *Pr* 100.
109 *in Ps* 38,4 β.
110 *Ep* 11,3.
111 *Ep* 55,2.

verweilen, Leidenschaften anregen oder nicht anregen, das hängt von uns ab“,[112] von unserer freien „Zustimmung“ nämlich.[113]

Die auf der Erfahrung aufbauende Mönchsweisheit kennt auch noch ein ganz *praktisches Hilfsmittel* gegen diese unwillkürlichen Regungen des Zorns.

> „Einen Ansturm des Jähzorns besänftigen
> Langmut und Psalmodie“.[114]

Die Psalmodie, ein „Charisma“[115] von nicht geringerer Bedeutung als das Gebet,[116] bildet einen festen Bestandteil im Leben der frühen Mönche. Ihre „kleinen Offizien“ am Anfang und am Ende der Nacht bestanden aus je zwölf Psalmen, ein jeder gefolgt von einem kurzen Gebet. Unter Tags begleitete die stille oder halblaute „Meditation“ einzelner Psalmverse ihre Handarbeit und verhinderte so, dass der Geist ins „Streunen“ gerät, weil er unbeschäftigt ist.[117] Darüber hinaus hat die Psalmodie aber auch, das lehrt die Erfahrung, eine *besänftigende Wirkung* auf die Leidenschaften allgemein[118] und im Besonderen auf den erregten Jähzorn. Evagrios erwähnt diesen Zug des Öfteren.

> „Den erregten Jähzorn beruhigen Psalmodie, Langmut und Erbarmen“.[119]

> „Während die dämonischen Lieder unser Begehren erregen und die Seele in schändliche Vorstellungen stürzen, rufen die ‚Psalmen, Hymnen und geistlichen Lieder‘[120] den Intellekt beständig zum Ge

112 *Pr* 6.
113 *Pr* 75.
114 *Inst. mon.* (PG 79,1236 A).
115 *Or* 87.
116 Vgl. *Pr* 69.
117 Vgl. G. BUNGE, Irdene Gefäße. Würzburg 1996, 91ff, 5. Auflage, Beuron 2017.
118 Vgl. *Or* 83.
119 *Pr* 15.
120 Eph 5,19.

> denken an die Tugend auf, indem sie unseren kochenden Jähzorn abkühlen und unsere Begierden auslöschen".[121]

Die in den Psalmen enthaltene „geistliche Lehre"[122] mahnt den Intellekt nämlich zur Tugend, während all jene Teile des Psalters, und das sind ja viele, die von „Feinden" und „Anfeindungen" aller Art handeln, ihm erlauben, seinen Jähzorn *wider die Dämonen* zu richten, wie dies seiner Natur entspricht.[123] Sogar die heute so ungeliebten und oft sogar einfach übergangenen „Fluchpsalmen" haben also im Verständnis der frühen Mönche eine heilende Kraft! Dies ist den Dämonen natürlich auch bekannt, und listig lenken sie unsere Aufmerksamkeit von diesen Texten ab und richten sie auf andere.

> „[Sprich] zu dem Dämon, der Zorn wider die Brüder weckt und uns dann beredet, jenen Hymnus zu singen, in dem das Gebot der Langmut geschrieben steht, das wir nicht gehalten haben. Er tut dies aber, um uns zu verspotten, dieweil wir jenes Gebot psalmodieren, das wir in der Tat nicht gehalten haben".[124]

> „Wie sollten wir des Herrn Lieder singen in fremdem Land?"[125]

Solche Schliche der Dämonen gilt es genau zu beobachten, will man nicht zweimal in dieselbe Falle tappen![126]

Eine der Folgen des erregten Jähzorns sind, wie wir sahen, nächtliche *Alpträume* und allerlei Schrecken dieser Art. Sie sind ein sicheres Zeichen dafür, dass es dem jähzornigen Teil sowohl an der Tugend der Liebe als auch der des Mutes fehlt.[127] Was tun, um sich von diesem Schrecken zu befreien? Das Erfahrungswissen, das Evagrios jenen

121 *Pr* 71; vgl. *Mn* 98; *M. c.* 27,24ff.
122 *in Ps* 80,3 α.
123 *Pr* 93 u. ö.
124 Ps 136,4.
125 *Ant* V,13. Ein fast identischer Text findet sich *in Ps* 136,3 β.
126 *M. c.* 9,26ff.
127 Vgl. *Pr* 89.

Mönchen verdankt, „die uns in rechter Weise vorausgegangen sind", kennt ein ganz einfaches Heilmittel: *tätige Liebe.*

> „[Einer dieser Väter] befreite einen der Brüder, der des Nachts von Gesichten verwirrt ward, indem er ihm den Dienst an den Kranken zusammen mit Fasten vorschrieb. Befragt antwortete er: ‚Nichts löscht so derartige Leiden[schaften] aus wie das Erbarmen' ".[128]

Dieselbe Väterweisheit ist auch in andere Schriften eingegangen, ohne dass jeweils die Quelle angegeben würde. So etwa im *Antirrhetikos*, wo der Mönch – mit den Worten des Psalms 118,98f – dem Herrn dafür dankt, begriffen zu haben, dass die schrecklichen nächtlichen Gesichte „durch Erbarmen und Langmut ausgelöscht werden".[129] Neben „anhaltendem Gebet"[130] erwähnt Evagrios daher immer wieder diese tätige Nächstenliebe.

> „Wenn du dich hinsetzt, wirst du ohne Furcht sein, wenn du ruhst, wirst du angenehm schlafen und wirst keinen plötzlichen Schrecken fürchten, noch herannahende Anstürme der Frevler":

> „Hieraus erkennen wir, dass die Barmherzigkeit die uns nächtlicherweise zustoßenden schrecklichen Erscheinungen entfernt. Dasselbe bewirken auch Sanftmut, Zornlosigkeit, Langmut und alles, was dazu geeignet ist, den erregten Jähzorn zu besänftigen, da die schrecklichen Erscheinungen aus der Erregung des Jähzorns zu entstehen pflegen".[131]

---

128 *Pr* 91.
129 *Ant* V,12.
130 *M. c.* 23,33.
131 *in Prov* 3,24–25 (Gehin 36).

# „Reines Gebet“

# IX

# IX „Reines Gebet“

Der Zorn, wie ihn uns Evagrios zu verstehen gelehrt hat, ist eine finstere, nicht nur im übertragenen Sinn „dämonische“ Leidenschaft. Er zerstört nicht nur die zwischenmenschlichen Beziehungen, sondern auch unsere Beziehung zu Gott. Er verwirrt nicht nur unsere Psyche, was sich nicht zuletzt auch in schrecklichen Alpträumen äußert, sondern er „blendet“ auch „zur Zeit des Gebetes“ unseren Intellekt, den Ort der unmittelbaren Gottesbegegnung. Denn der Intellekt ist ja natürlicherweise dazu gemacht zu beten, auch ohne diesen materiellen Leib.[1] Das Gebet bereitet ihn darauf vor, die ihm eigene Tätigkeit auszuüben,[2] d. h. auf die „Kontemplation der göttlichen Erkenntnis“[3]. So „ist das Gebet die der Würde des Intellektes gemäße Tätigkeit, wahrlich der vorzüglichste und echteste Gebrauch desselben“[4], gleichsam sein „höchster intellektiver Akt“[5]. All das macht der Zorn zunichte. Mit Recht kann man also sagen, dass er den Menschen um seine eigentliche Bestimmung bringt. Mit Recht mahnt Evagrios daher auch:

> „Wenn du schonend mit dem Jähzorn umgehst, wirst du Schonung finden, dich als klug erweisen und unter den Betern sein“.[6]

Es ist hier nicht der Ort, die evagrianische Lehre vom „wahren Gebet“ im Einzelnen zu entfalten.[7] In diesem Zusammenhang soll es uns nur um einen, allerdings ganz wesentlichen Aspekt gehen, der bereits mehrfach anklang: die *Reinheit des Gebetes.* Denn von allen Leidenschaften besudelt der Zorn diese Reinheit am nachhaltigsten.

1 *Pr* 49.
2 *Or* 83.
3 *Or* 86.
4 *Or* 84.
5 *Or* 35.
6 *Or* 26.
7 Vgl. G. BUNGE, Das Geistgebet. Studien zum Traktat De Oratione des Evagrios Pontikos (Koinonia-Oriens Band 25), Köln, Luthe Verlag 1987.

„Reinheit“ ist bei Evagrios stets ein Synonym für „Leidenschaftslosigkeit“ (ἀπάθεια).

> „Nach der Reinheit meiner Hände wird er mir vergelten“:
>
> „Reinheit der Hände bedeutet Leidenschaftslosigkeit der Seele, die durch die Gnade Gottes und den Eifer des Menschen zustande kommt“.[8]

Wie alles im Leben, so entwickelt sich auch die ἀπάθεια, die Freiheit zwar nicht von den Angriffen der Dämonen, wohl aber von der Tyrannei der Leidenschaften, *schrittweise*. Evagrios unterscheidet daher zwischen einer „heiligen“[9], oder „ersten und größten“[10], und einer „unvollkommenen“ oder „kleinen“[11] Leidenschaftslosigkeit.

> „Die vollkommene Leidenschaftslosigkeit wird der Seele nach dem Sieg über alle der Praktike entgegenstehenden Dämonen zuteil; von der unvollkommenen Leidenschaftslosigkeit spricht man im Hinblick auf die Kraft des sie einstweilen noch bekämpfenden Dämons“[12],

oder auch, sofern diese erste Etappe nur den „begehrenden Teil“ der Seele reinigt[13] bzw. auch nur einen von den beiden irrationalen Vermögen. Wer beten will, „wie es sich gebührt“[14], muss also „zunächst um die Reinigung von den Leidenschaften beten“[15].

Um aber wirklich „rein und leidenschaftslos“[16] beten zu können, muss man nicht nur „jeglichen leidenschaftlichen Gedanken von sich

---

8 *in Ps* 17,21 ι β; vgl. *KG* I,79.
9 *M. c.* 3,37.
10 *M. c.* 10,15.
11 Vgl. *M. c.* 15,1.
12 *Pr* 60.
13 *M. c.* 16,5.
14 Röm 8,26; vgl. *Or* 20.24.49.51.
15 *Or* 38.
16 *Or* 73.

ablösen"[17], sondern schließlich überhaupt jede gedankliche Vorstellung, „denn Gebet ist ein Ablegen [aller] gedanklichen Vorstellungen"[18], wie Evagrios sehr fein nachweist.[19] „Vollkommene Leidenschaftslosigkeit" oder „Reinheit" ist also eine Befreiung nicht nur von leidenschaftlichen Taten und Gedanken, sondern ein „Übersteigen aller Gedanken an [geschaffene] Dinge"[20]. Denn Beten ist ja „Zwiesprache mit Gott *ohne jegliche Vermittlung*"[21]. Nichts bedroht nun so diese Reinheit schon auf ihrer untersten Stufe wie der Zorn.

> „Wenn du nach dem reinen Gebet verlangst, nimm dich in acht vor dem Zorn!"[22]

Denn sobald der Beter angefangen hat, „ohne Zerstreuung" durch irgendwelche gedanklichen Vorstellungen zu beten, „spielt sich der ganze Kampf bei Nacht und bei Tag um den jähzornigen Teil der Seele ab".[23] Die Dämonen setzen nun alle Hebel in Bewegung, um den Intellekt von dem „Gedanken Gottes" abzuziehen. Einer ihrer mächtigsten Verbündeten ist dabei unser Gedächtnis (μνήμη), in das sich ja die gedanklichen Vorstellungen der Dinge dieser Schöpfung, mit denen sich unser Intellekt natürlicherweise beschäftigt, wie ein Siegel in weiches Wachs „einprägen".

> „Wenn du betest, überwache mit Macht dein Gedächtnis, damit es dir nicht sein Eigenes zutrage, sondern dich zur Erkenntnis [des Sinnes] deines Stehens [im Gebet] anrege. Denn der Intellekt ist natürlicherweise geneigt, zur Zeit des Gebetes ganz besonders vom Gedächtnis ‚bestohlen' zu werden".[24]

17 *Or* 4.
18 *Or* 71.
19 *Or* 56–58.
20 *Sk* 23.
21 *Or* 3.
22 *M. c.* 43,1.
23 *Pr* 63.
24 *Or* 45.

Jene „Diebe“, die uns hier „bestehlen“[25], sind natürlich die Dämonen, die auf unser Gedächtnis direkt einzuwirken vermögen.[26] Dies tun sie mit Vorliebe gerade auch durch Gedanken des Zornes.

> „Das Gedächtnis führt dir, wenn du betest, entweder die Bilder (φαντασίας) vergangener Dinge oder neue Sorgen zu, oder das Antlitz dessen, der dich betrübt hat“.[27]

Dieses „Antlitz dessen, der uns betrübt hat“, ist jenes „Bild (εἰκών) eines sinnlichen Menschen“, das zur Zeit des Gebetes ungewollt in unserem Geist aufsteigt, und mit dem der Intellekt dann, weil es eine verborgene Leidenschaft wiederbelebt hat, „im Verborgenen irgendetwas auf gesetzlose Weise spricht oder tut“[28], anstatt mit Gott vertraute „Zwiesprache“ zu halten. Dies aber ist nicht nur eine Karikatur des „wahren Gebetes“, sondern reinster Götzendienst, da der Beter ja das „Antlitz des Feindes“ gleichsam vergöttlicht (θεοποιῶν). „Was nämlich der Intellekt im Gebet beständig anblickt, das kann füglich auch als ‚Gott‘ bezeichnet werden“.[29] Wem solches zustößt, der ist wahrlich „weit entfernt vom reinen Gebet“![30] Dem gilt es beizeiten vorzubeugen.

> „Doch lasst uns, Brüder, die Krankheit der üblen Nachrede fliehen, indem wir[31] niemals eines Menschen im Bösen gedenken, noch die Augen verdrehen, wenn unser Nächster erwähnt wird. Denn all' unsere Gebärden durchforschen die bösen Dämonen und nichts, was wir tun, lassen sie ungeprüft, weder Hinlegen noch Sitzen noch Stehen, weder Wort noch Auftreten oder Blick: alles kundschaften sie aus, alles setzen sie in Bewegung, ‚den ganzen Tag über sinnen sie Listen wider uns‘, um den demütigen Intellekt zur

25 Vgl. *Ep*; Jer 17.
26 *Or* 10.47.
27 *Or* 46.
28 *Sk* 13.
29 *M. c.* 37,24f.
30 *M. c.* 5,17f; 16,31f.
31 Ps 37,13.

> Zeit des Gebetes zu verleumden und sein seliges Licht auszulöschen ..."[32]

Dem „reinen Gebet" naht man sich also ebenso wie der Leidenschaftslosigkeit schrittweise. Es muss zunächst frei von allen *leidenschaftlichen* Gedanken werden,[33] dann auch frei von *allen* „gedanklichen Vorstellungen" geschaffener Dinge.[34] Doch selbst das genügt nicht! Es muss auch frei werden von der „Schau" (θεωρία) der Gründe dieser Dinge,[35] da sie ob der ihnen eigenen Mannigfaltigkeit den Intellekt selbst „vermannigfaltigen"[36]. Kurz, wer „ohne jegliche Vermittlung mit Gott Zwiesprache" halten will, unmittelbar *von Person zu Person,* der muss „immateriell zum Immateriellen gehen"![37]

> „Mein Gebet steige auf zu dir wie Weihrauch":
>
> „Das Gebet dessen steigt wie Weihrauch auf, der sagen kann: ‚Christi Wohlgeruch sind wir in denen, die gerettet werden, und in denen, die verlorengehen'.[38] Und es gibt *eine* Form des Gebetes, die den Intellekt ungeprägt lässt: die Zwiesprache des Intellektes mit Gott. Ungeprägt nenne ich einen Intellekt, der sich zur Zeit des Gebetes nichts Körperliches bildlich vorstellt (μηδὲν φανταζόμενον). Denn allein jene Namen und Worte prägen und gestalten unseren Intellekt, die etwas Sinnliches bezeichnen. Im Gebet nun muss der Intellekt von allem Sinnlichen frei sein. Der Gedanke Gottes aber lässt den Intellekt notwendigerweise ungeprägt, denn [Gott] ist kein Körper".[39]

32 *M. c.* 37,26–35.
33 *Or* 54.
34 *Or* 56.
35 *Or* 57.
36 *Or* 58.
37 *Or* 67.
38 2 Kor 2,15.
39 *in Ps* 140,2 α.

Unser Gebet ist gleichsam ein liebliches *Weihrauchopfer,*[40] das wir Gott auf dem „intelligiblen Altar“[41] unseres Intellektes[42] darbringen. Damit aber dieses *Opfer*[43] Gott wohlgefällig sei, müssen sowohl der „Altar“, als auch die „Gabe“ vollkommen „rein“ sein. Evagrios preist daher den Intellekt selig, der „zur Zeit des Gebetes eine vollkommene Freiheit von [allen] Formen (ἀμορφία)“,[44] eine „vollkommene Freiheit von [allem] Sinnlichen erworben hat“[45]. Warum? Weil allein dieser Zustand ihn „taub“ und „stumm“[46] für alle dämonischen Einflüsterungen macht,[47] die ja, wie wir sahen, ihren Ausgangspunkt stets bei etwas Sinnlichem nehmen. Nichts aber befleckt die einmal erworbene „Reinheit“ in den Augen Gottes mehr als der Zorn.

> „Das Gebet des Zornigen
> ist ein ‚abscheuliches Rauchwerk‘[48],
> und die Psalmodie des Wütenden
> ein hässlicher Missklang“[49].
>
> „Die Gabe des Grollenden
> ist ein ‚durch Ameisen verdorbenes‘ Opfer[50],
> und nicht naht es sich
> dem geweihten ‚Altar‘ “.[51]

Wer nach dem „reinen Gebet“ verlangt, der muss also nicht nur Tat- und Gedankensünden des Zornes vermeiden, er muss auch sein *Gedächtnis reinigen.* Und zwar nicht nur allgemein von allem Sinnlichen,

40 *Or* 1; vgl. *Or* 76.77.141.
41 *Or* 147.
42 *in Ps* 25,6 δ; *Sk* 6 u. ö.
43 Vgl. *Pr* 23.
44 *Or* 117.
45 *Or* 120.
46 Ps 37,14.
47 *Or* 11.
48 Jes 1,13.
49 *O. sp.* 4,18.
50 Lev 22,22.
51 *O. sp.* 4,19.

sondern ganz besonders von jeder Erinnerung an *erlittenes Unrecht.* Ob und in welchem Maß ihm dies gelungen ist, wird er an seinen Traumphantasien erkennen, ist doch der Schlaf mit seinen Träumen gleichsam der Spiegel unseres bewussten Lebens.

> „Es gilt auch zu untersuchen, wie die Dämonen unseren Intellekt in den Phantasien des Schlafes prägen und gestalten. Es scheint, dass dies dem Intellekt zustößt, sei es, dass er durch die Augen schaut oder durch das Gehör hört oder ferner durch irgendeine Sinneswahrnehmung, oder seitens des Gedächtnisses, welches den Intellekt prägt, nicht durch den Körper, sondern indem er das anregt, was es durch den Körper empfangen hat.
>
> Mir scheint nun, dass die Dämonen das *Gedächtnis* anregen und den Intellekt prägen; das Instrument [der Seele, d. h. der Leib] verhält sich ja während des Schlafes untätig.
> Ferner ist zu untersuchen, *wie* [die Dämonen] das Gedächtnis anregen. Vielleicht durch die Leidenschaften? Das ist offenkundig, da die Reinen und Leidenschaftslosen nichts dergleichen erfahren. Es gibt aber auch eine einfache Regung des Gedächtnisses, die durch uns selbst entsteht, oder seitens der heiligen Mächte, der zufolge wir im Schlaf den Heiligen begegnen, uns mit ihnen unterhalten und mit ihnen essen.
>
> Es ist indessen zu beachten, dass das Gedächtnis die Bildnisse (εἴδωλα), die die Seele durch den Körper aufnimmt, ohne den Körper anregt. Und dies geht deutlich aus der Tatsache hervor, dass wir dies häufig im Schlaf erfahren, während der Körper ruht ...“[52]

Im Schlaf steigen also nicht nur alle jene Dinge aus dem Gedächtnis in uns auf, die wir irgendwann in uns aufgenommen haben, sondern es öffnet sich uns auch das Tor zu einer anderen Welt. Je nach unserer inneren Verfassung begegnen wir dann den Dämonen, die uns mit fürchterlichen Phantasiegebilden erschrecken, und dies stößt eben vor

52 *M. c.* 4,1–18.

allem den Zornigen zu,[53] oder wir begegnen den Heiligen und haben „Traumerscheinungen von Engeln“, die sich durch eine „große Stille der Seele und eine unsagbare Freude“ auszeichnen, „unter Tags aber durch das Fehlen von leidenschaftlichen Gedanken und reinem Gebet“[54]. Dies widerfährt den Reinen und Leidenschaftslosen, wie wir sahen.

> „Ein langmütiger Mann
> erblickt Gesichte, Versammlungen heiliger Engel,
> und wer ohne Groll ist,
> übt sich in geistlichen Gründen,
> und er empfängt bei Nacht
> die Lösung von Geheimnissen“.[55]

Es wäre allerdings ein Fehlschluss zu meinen, dämonische Traumgesichte oder überhaupt nächtliche Schrecken stießen ausschließlich den Zornigen zu. Es ist ja gerade der „geistliche Lehrer“, dem die Dämonen des Nachts am heftigsten zusetzen.[56] Seine selige Leidenschaftslosigkeit wird hier auf eine harte Probe gestellt und erweist sich dann durch vollkommene *Unerschütterlichkeit* angesichts dieses Aufstands der Hölle.[57] Besitzt der wahre „Gnostiker“ doch in vollkommenem Maße nicht nur die Tugend der „geistlichen Liebe“, sondern auch die des Mutes und der Ausdauer, die ihn befähigen, „vor den Feinden nicht zu erschrecken und entschlossen die Schrecknisse auszuhalten“.[58] Solche Schrecknisse widerfahren daher auch den Vollkommenen nicht nur des Nachts, sondern gerade auch im Gebet. In seinem Traktat „Über das Gebet“ überliefert Evagrios mehrere solcher Begebenheiten, die manchem ganz unglaublich vorkommen mögen.[59] Eine mag hier genügen. Sie erinnert an jene Alpträume des Zornigen, von denen ausführ-

53 *M. c.* 27,20.
54 *M. c.* 28,27.
55 *O. sp.* 4,21.
56 *Or* 139.
57 *M. c.* 29.
58 *Pr* 89.
59 *Or* 106–112.

lich die Rede war. Wie anders aber reagiert der namenlose hier genannte Heilige auf diese Schrecken!

> „Es gelangte zu uns [die Kunde], dass der Böse einem der Heiligen derart im Gebet widerstand, dass er dem Kämpfer, sobald dieser die Hände ausstreckte, in einen Löwen verwandelt und hoch aufgerichtet, seine Vorderpranken und Krallen in die beiden Lenden hineintrieb und nicht [von ihm] abließ, ehe er nicht die Hände senkte. Jener aber ließ sie niemals herabsinken, ehe er nicht seine gewohnten Gebete erfüllt hatte“.[60]

60 *Or* 106.

# Zwiesprache mit Gott

# X

# X Zwiesprache mit Gott

Zorn und „reines Gebet“ sind Antipoden und schließen sich gegenseitig aus, dies ist nun deutlich. Ersterer ist gleichsam eine Karikatur des letzteren. Denn während der Zornige im Gebet – wenn man es denn überhaupt so nennen darf – beständig das „Bild“ dessen, der ihn gekränkt oder dem er selbst Kummer zugefügt hat, vor seinem geistigen Auge hat und ihn damit zu einem „Gott“ (oder Götzen) macht,[1] „verliert sich“ der wahre Beter gänzlich „im Zusammensein mit Gott“, in der Zwiesprache allein mit Ihm.[2] Erst wenn man voll begriffen hat, was das bedeutet, kann man ermessen, wessen einen der Zorn beraubt.

> „Das Gebet ist ein Sprechen des Intellektes mit Gott. Welches Zustandes bedarf also der Intellekt, um in der Lage zu sein, sich unverwandelt zu seinem Herrn hin auszustrecken und mit ihm ohne jegliche Vermittlung Zwiesprache zu halten?“[3]

Evagrios greift in seinem Traktat *Über das Gebet*[4] eine glückliche Definition des Gebetes durch Klemens von Alexandrien[5] auf und entwickelt sie weiter. Wir rühren hier an das Herzstück der evagrianischen Lehre vom „wahren Gebet“, die zweifellos auch auf persönlicher Erfahrung beruht. Wie Klemens[6] hat auch Evagrios bei dieser Definition zunächst *Moses* im Sinn, wie noch deutlicher werden wird.[7] Jener Zustand (κατάστασις), dessen der Intellekt hier bedarf, wird ihm durch die „Vierzahl der Tugenden“[8], die, wenn sie in ihrer ganzen „Fülle“ vorhan-

1 *M. c.* 37,24f.
2 *Or* 34.
3 *Or* 3.
4 Dieselbe Definition taucht auch *in Ps* 140,1 α und *Sk* 28 auf, sie ist also bedeutsam für Evagrios.
5 *Stromata* VII,39,6.
6 Vgl. *Stromata* VI,104,1.
7 S. u. *Or* 4.
8 *Or* 1.

den sind, „die Seele reinigen“[9], zuteil, vor allem aber durch die *Sanftmut*, jene vorzügliche Tugend Moses,[10] ist doch das „Gebet ein Spross der Sanftmut und der Zornlosigkeit“[11]. Die Sanftmut (oder Liebe) selbst aber ist ein „Spross der Leidenschaftslosigkeit“, die ihrerseits die „Blüte der Praktike“ ist, deren Fundament wiederum das „Halten der Gebote“ ist.[12] Das folgende Kapitel führt uns einen Schritt tiefer in das Geheimnis des Gebetes ein.

> „Wenn Moses an dem Versuch, sich dem irdischen ‚brennenden Dornbusch‘ zu nahen, gehindert ward, bis er ‚die Sandalen von seinen Füßen löste‘[13], wie löst dann du, der du den über alle Sinneswahrnehmung und jegliches Denken Erhabene zu sehen und sein Gesprächspartner zu werden begehrst, nicht jeden leidenschaftlichen Gedanken von dir ab?“[14]

„Gebet“ ist also beides: Gott „sehen“ und mit ihm „Zwiesprache halten“, sein „Gesprächspartner“ (συνόμιλος) werden. Für beides ist Moses das alttestamentliche *Vorbild*, das auf die zukünftige Wirklichkeit hinweist. Denn er hat ja Gott sehen dürfen, wenngleich nur von hinten.[15] Wohl hat er aber mit ihm sprechen dürfen, „von Angesicht zu Angesicht, wie ein Freund mit seinem Freund spricht“[16]. Das „Sehen“ stellt also eine größere Nähe und Unmittelbarkeit her als das „Sprechen“.

Die volle Wirklichkeit dessen, was Moses vorbildhaft zuteil wurde, ist erst im Neuen Bund offenbar geworden. Denn Moses wusste noch nicht, was oder vielmehr *wer* dieses „Antlitz Gottes“ ist, wie das „Sehen“ zu verstehen ist und wie ein „Sprechen“ mit Gott „ohne jegliche Vermittlung“ möglich ist. Erst der Mensch gewordene Sohn hat uns,

9 *Or* 2.
10 Num 12,3.
11 *Or* 14.
12 *Pr* 81.
13 Ex 3,2–5.
14 *Or* 4.
15 Ex 33,18ff.
16 Ex 33,11.

weil er das vollkommene „Bild Gottes“[17] und der einzig wahre „Exeget“[18] des Vaters ist, den Zugang zum Vater eröffnet.[19] In der Tat, wer könnte sich „ohne jegliche Vermittlung“ an den Vater wenden, es sei denn der Sohn! Ein *Mensch* ist dazu erst befähigt, wenn er den Glauben an den eingeborenen Sohn angenommen[20] und durch die heilige *Taufe* dank seiner Eingliederung in den mystischen Leib dieses Sohnes selbst zum Adoptivsohn des Vaters geworden ist. Diese Adoption ist das Werk des Heiligen Geistes, jenes „anderen Parakleten“, den der Sohn uns vom Vater her erbeten hat. Er ist es daher auch, der den Beter dazu befähigt und berechtigt, *die Stimme des Sohnes zu erheben* und wie er zu rufen: „Abba, lieber Vater“[21], wie wir dies in jenem Gebet tun, das uns der Eingeborene selbst gelehrt hat.

> „Wenn du beten willst, bedarfst du [der Hilfe] Gottes, ‚der dem Bittenden das Gebet gewährt‘[22]. Ruf ihn also an, indem du sprichst: ‚Geheiligt werde dein Name, es komme deine Königsherrschaft‘[23], das heißt dein Heiliger Geist und dein eingeborener Sohn. Denn so hat es [uns ja dieser Sohn] gelehrt, als er sagte,[24] ‚man müsse den Vater in Geist und Wahrheit anbeten‘.“[25]

„Niemand hat Gott je gesehen“[26], doch jetzt, dank der Inkarnation des Sohnes, darf der Christ im „wahren Gebet“ jenes „Antlitz des Vaters in den Himmeln“ schauen, dessen Anblick an sich allein den Engeln vorbehalten ist.[27]

17 2 Kor 4,4; Kol 1,15; vgl. *in Ps* 16,2 α; 79,8δ.
18 Joh 1,18.
19 Joh 14,6.
20 Joh 1,12 u. ö.
21 Röm 8,15 par.
22 1 Kön 2,8.
23 Mt 6,9.
24 Joh 4,23.
25 *Or* 59.
26 Joh 1,18.
27 Mt 18,10; vgl. *in Ps* 29,8 ζ.

> „Engelgleich[28] wird der Mönch durch das wahre Gebet im Verlangen, das Antlitz des Vaters in den Himmeln zu sehen".[29]

Das „Antlitz des Vaters in den Himmeln schauen" bedeutet, den *Sohn* schauen[30] und in ihm den Vater. Es heißt ja: „Wer mich schaut, schaut den Vater".[31] Dieses Schauen ist kein sinnlicher, visionärer Vorgang. Denn „schauen" heißt „erkennen"[32], da beide Begriffe Synonyme sind.[33] Wer also nach der Schau des Antlitzes des Vaters verlangt, der setzt all sein Streben daran, den Sohn zu schauen,[34] und nichts versuchen die Dämonen so zu vereiteln, wie dieses „Suchen" des Sohnes![35]

Allein wer sein Gegenüber *sieht*, ist ihm ganz nahe gekommen.[36] Aus dieser Nähe, dem „Beisammensein" (συνουσία)[37], erwächst dann jene „Zwiesprache mit Gott", dem Vater, deren alttestamentliches Vorbild Moses war, deren Fülle uns aber erst der Sohn eröffnet hat.

> „Wer Gott liebt,[38] der hält allzeit Zwiesprache mit Ihm als [seinem] Vater, indem er jede leidenschaftliche gedankliche Vorstellung abwehrt".[39]

Diese „unmittelbare Zwiesprache" mit dem Vater ist allein in seinem Heiligen Geist und seinem eingeborenen Sohn möglich,[40] wie wir sahen. Wer durch Gottes Gnade gelernt hat, so „zu beten, wie es gebührt"[41],

28 Lk 20,36.
29 *Or* 113.
30 *in Ps* 16,2 α.
31 Joh 14,9.
32 *in Ps* 23,6 γ.
33 *in Ps* 68,29 ι ζ.
34 *Or* 52.
35 *Or* 51.
36 *Ep. Mel.* 3f.
37 *Or* 34.
38 Dtn 6,6.
39 *Or* 55.
40 *Or* 59.
41 Röm 8,26; vgl. *Or* 20.24.49.51.

der ist wahrlich zum Theologen geworden,[42] da er „den Schöpfer hinfort nicht mehr aus den Geschöpfen ehrt, sondern Gott aus Gott hymnisch preist“[43]. Denn Sohn und Geist, die einzig wahren und ewigen „Mittler“ zwischen dem Vater und seinen Geschöpfen,[44] sind ja selbst keine Geschöpfe, sondern „wahrer Gott aus wahrem Gott“, wie es im Credo von 381 heißt.

Dies ist es also, wozu der Mensch schon auf Erden bestimmt ist! Nichts beraubt ihn aber so dieser seiner wahren Berufung wie der Zorn. Wer sich also vom Dämon des Zorns beherrschen lässt, der wird nicht nur selbst zu einem „Dämon“, er muss auch einfach den *Verstand verloren* haben.

> „Niemand, der sich nach dem wahren Gebet sehnt, und zürnt oder grollt, ist frei von Wahnsinn. Er gleicht nämlich dem, der scharf blicken möchte, und sich die eigenen Augen trübt“.[45]

An anderer Stelle heißt es von dieser „Trübung“ des Gesichtssinnes noch drastischer:

> „ ... Wer leicht in Zorn gerät, gleicht dem, der sich selbst mit einer eisernen Nadel die Augen aussticht“.[46]

Das ist mehr als nur eine Metapher. Denn die Seele besitzt ja, wie wir sahen, gleich wie der Körper zwei „Augen“. Mit dem linken betrachtet sie die Geschöpfe Gottes, mit dem rechten „schaut sie zur Zeit des Gebetes das selige Licht der Heiligen Dreifaltigkeit“.[47] Werden diese beiden „Augen“ geblendet, erlischt auch das „Licht der Augen“[48], d. h. das

42 *Or* 61.
43 *Or* 60.
44 *Ep. Mel.* 31.
45 *Or* 65.
46 *Gn* 5; vgl. *M. c.* 32,15f.
47 *M. c.* 42,6f.
48 Ps 37,10.

Licht des Intellektes selbst,[49] ebenso wie jenes „selige Licht der Heiligen Dreifaltigkeit“, das er schaute. Das aber ist der Tod des Gebetes, denn:

> „Das Gebet ist ein Zustand des Intellektes, der allein durch das Licht der Heiligen Dreifaltigkeit zustande kommt“.[50]

„Licht“ ist bei Evagrios gewiss zunächst ein biblisches Symbol der *Erkenntnis*. „Zündet euch ein Licht der Erkenntnis an“, heißt es schon bei Hosea 10,12. Doch wenn Evagrios von dem „Erscheinen jenes Lichtes“ spricht, „das zur Zeit des Gebetes den Ort Gottes kenntlich macht“[51], wenn er den „lichtförmigen Intellekt“ selbst als die „Wohnstatt“ Gottes bezeichnet,[52] dann wird deutlich, dass er hier von einer unmittelbaren, *personalen Gotteserfahrung* „gleichsam im Spiegel“[53] des eigenen, „nach dem Bilde Gottes“ erschaffenen Selbst spricht. Von dieser im höchsten Sinne mystischen Erfahrung, die ihm zweifellos auch selbst zuteil geworden ist, spricht Evagrios stets nur in biblisch-symbolischen Wendungen.

> „Der Zustand des Intellektes ist eine intelligible Höhe, der Farbe des Himmels ähnlich, der auch zur Zeit des Gebetes das Licht der Heiligen Dreifaltigkeit zuteilwird“.[54]

Im Hintergrund dieses und verwandter Texte, deren symbolische Bedeutung hier nicht näher entschlüsselt werden kann, steht die erhabene Gotteserfahrung auf dem Sinai, von der Exodus 24,9ff sprechen. Die Ältesten Israels schauten dort zusammen mit Moses den „Ort, an dem der Gott Israels stand. Und was unter seinen Füßen war, war wie ein Werk aus Ziegeln von Saphir und wie der Anblick des Himmelsfirmamentes in seiner Reinheit“. Eben diese Erfahrung macht auch der von allen Leidenschaften gereinigte Intellekt, das heißt „er schaut *sich selbst*

49 *Inst. mon.* Supplement 10.
50 *Sk* 27.
51 *M. c.* 40,7ff.
52 *Sk* 25.
53 *Inst. mon.* Supplement 13.
54 *Sk* 4.

der Farbe des Saphirs oder des Himmels ähnlich“, wenn ihn Gott „das ihm verwandte Licht atmen lässt“[55].

> „Wenn der Intellekt den ‚alten Menschen abgelegt und den neuen Menschen, den aus Gnaden angelegt hat‘[56], dann schaut er auch den eigenen Zustand zur Zeit des Gebetes der Farbe des Saphirs oder des Himmels ähnlich, welch selben [Zustand] die Schrift auch ‚Ort Gottes‘ nennt, der von den Ältesten auf dem Berg Sinai geschaut wurde“.[57]

Diesen „himmlischen Zustand“ des Intellektes aber vernichten die aus dem Zorn entstehenden Gedanken: Verdächtigung, Hass und Groll, die mehr als alle anderen den Intellekt „blenden“[58]. Sie „löschen“ dieses „selige Licht“ des Intellektes aus.[59]

> „In einen reinen Intellekt wird ein Himmel von lichtem Aussehen eingeprägt und ein weiter Ort, an dem in einem gewissen Maße[60] die Gründe der Geschöpfe geschaut werden und die heiligen Engel sich denen nahen, die dessen würdig sind. Diese Schau aber, die da eingeprägt ist, lässt der Groll finster erscheinen, der entflammte Zorn hingegen zerstört sie gänzlich“.[61]

Und nicht nur die Erkenntnis der „Gründe der Geschöpfe“ löscht der Zorn aus, sondern auch das „selige Licht der Heiligen Dreifaltigkeit“ und ihre Erkenntnis. Wahrlich, wer sich dieser sublimen Erfahrung Gottes und seiner Schöpfung durch eigene Schuld beraubt, muss den Verstand verloren haben.

---

55 *Sk* 2.

56 Eph 4,24; Kol 3,9f, es geht hier um die *Taufe*!

57 *M. c.* 39.

58 *M. c.* 32,3ff.

59 *M. c.* 37,35.

60 Text: *KG* V,39 verwendet hier den Ausdruck V'aikana, den A. GUILLAUMONT mit „comment“ übersetzt. *Ep* 39,5, wo sich eine leicht variierte Version desselben Textes findet, liest stattdessen *k'ma hu*, was W. FRANKENBERG wohl zutreffend mit ποσῶς, wiedergibt. Solche *Einschränkungen* finden sich auch sonst bei Evagrios, vgl. z. B. *Pr* 53 und 55.

61 *KG* V,39.

# Die Tugend der Engel

# XI

# XI Die Tugend der Engel

Das Menschenbild des Evagrios bliebe einseitig, würde man es allein vor dem finsteren Hintergrund jener Laster zeichnen, die es pervertieren, ohne auch seine lichten, ja „angelischen" Dimensionen aufzuzeigen. Auch würde ja kaum jemand Mut und Ausdauer aufbringen, ein Laster wie den Zorn zu bekämpfen, stünde ihm nicht ein ansprechendes Bild echten menschlichen Seins vor Augen, ein Ideal, das er vielleicht nicht zu verwirklichen vermag, das jedoch den engen Horizont unserer irdischen Existenz aufbricht. Manches kam bereits in den vorhergehenden Kapiteln zur Sprache, hier soll eine Synthese versucht werden.

„Langmut: Rüstung des Verstandes,
Gericht über die Wut,
Heilanstalt des Herzens,
Ermahnung der Frechen,
Beruhigung der Aufgeregten,
Sturmfreier Hafen,
Wohltun den Betrübten,
Güte allen gegenüber.
Gelästert segnet sie,
misshandelt freut sie sich.
Trost den Bedrängten,
Spiegel der erhofften Güter,
Kampfpreis der Gequälten".[1]

Die Laster sind nichts anderes als die pervertierten Wirkungen der drei Vermögen der Seele, wie man nicht oft genug wiederholen kann. Um ein Laster wirksam bekämpfen zu können, muss man daher die ihm entgegen gesetzte *Tugend* üben. Dies ist im Falle des Zorns die *Langmut*, wie sie Evagrios oben skizziert, als eine der Manifestationen der sanftmütigen Liebe. Dass diese Sanftmut nichts Schwächliches an sich

1 *Vit* (PG 79,1144 A–B).

hat, sahen wir bereits. Unter allen Tugenden ist sie es, die dem Menschen Zugang zu Gott und seinen Geheimnissen gewährt.

> „Deine Wege, Herr, lass mich erkennen, und deine Pfade lehre mich“:
>
> „Will einer die ‚Wege des Herrn‘ erkennen, so werde er sanftmütig. Es heißt ja: ‚Er wird die Sanftmütigen seine Wege lehren‘[2]. Sanftmütige aber sind jene, die den ruhelosen Kampf des Jähzorns und des Begehrens in der Seele zur Ruhe gebracht haben, sowie den Kampf der von diesen angestifteten Leidenschaften“.[3]

Dass die Sanftmut eine *aristokratische Tugend* im besten Sinn des Wortes ist, wurde schon deutlich, zeichnet sie doch nach dem Zeugnis der Schrift die Herrschergestalten des Moses,[4] Davids[5] und Christi[6] aus. Dabei bedient sich Evagrios des Moses vor allem, um die Gestalt seines wahren „Gnostikers“ zu zeichnen, dem um seiner Sanftmut willen die Erkenntnis Gottes und seiner Schöpfung zuteil wurde; David hingegen ist das Vorbild des „Engelgleichen“. In beiden Fällen geht Evagrios natürlich von der Schrift aus, so wie er sie versteht, d. h. „intelligibel und geistlich“[7]. Von Moses war im Vorhergehenden schon öfter die Rede. Hier wollen wir uns dem „engelgleichen“ David zuwenden.

> „Wann werde ich kommen und das Antlitz Gottes schauen?“
>
> „Wenn die ‚Engel allzeit das Antlitz des Vaters schauen‘[8], dieser [Beter] aber das Antlitz Gottes zu schauen begehrt, dann begehrt David also ein Engel zu werden“.[9]

2 Ps 24,9.
3 *in Ps* 24,4 γ.
4 Num 12,3.
5 Ps 131,1.
6 Mt 11,29.
7 *in Prov* 23,1.3 (Gehin 251).
8 Mt 18,10.
9 *in Ps* 41,3 α.

Verlangt David damit nach Unmöglichem? Keineswegs, wie Evagrios wiederum der Schrift entnahm.

> „Es erscheine über uns das Licht deines Antlitzes, Herr“:
>
> „‚Die Engel schauen allzeit das Antlitz Gottes‘, die Menschen hingegen das Licht seines Antlitzes. Das Antlitz des Herrn ist die geistliche Kontemplation all dessen, was auf Erden geworden ist, das Licht des Antlitzes hingegen ist eine teilweise Erkenntnis eben dieser Dinge, wenn [es denn zutrifft, dass] nach [dem Wort[10]] der weisen Frau von Thekoa David wie ein Engel Gottes war, der alle Dinge auf Erden erkannte“.[11]

Zu einem solchen „Engel Gottes“ wurde David natürlich durch seine große Sanftmut,[12] „denn diese ist die Tugend der Engel!“[13]

> „Besonnenheit und Sanftmut
> sind der Seele Cherubim“.[14]

So steht also bereits seit dem Alten Bund fest, dass bestimmte Menschen dank ihrer großen „Reinheit des Herzens“[15], einen „fast angelischen Zustand“[16] zu erreichen vermögen, ja durch das „wahre Gebet“ sogar engelgleich“ (ἰσάγγελος)[17] werden können. Dies versetzt sie dann auch in den Stand, das begehrte[18] „Brot der Engel“ zu essen, d. h. der Gotteserkenntnis der Engel teilhaftig zu werden.

> „Brot der Engel aß der Mensch“:

---

10 Vermutl. 2 Sam 14,1f.
11 *in Ps* 4,7 ς.
12 Vgl. Ps 131,1.
13 *Vita* Kap. K.
14 *Sent* 42.
15 *in Ps* 141,8 ε.
16 *in Ps* 118,171 ο θ.
17 *Or* 113.
18 *in Ps* 23,6 γ.

„Der Erlöser sagt: ‚Ich bin das Brot, das vom Himmel herabgestiegen ist.‘[19] Dieses Brot aßen zuerst die Engel, jetzt aber auch die Menschen. Das ‚essen‘ bedeutet hier ‚erkennen‘. Denn der Intellekt ‚isst‘ das, was er erkennt, und er ‚isst‘ nicht, was er nicht erkennt“.[20]

Nach allem, was wir bisher gehört haben, ist deutlich, dass dieser „fast angelische Zustand“ in der „*Nachahmung* angelischen Wesens“[21] besteht. Denn ist der Mensch an sich „wie ein Kind, das zwischen Gerechtigkeit und Ungerechtigkeit steht“, weder Engel noch Dämon, „bis zur Vollendung des Äons“[22], so steht es ihm doch frei, das *Leben* der Engel oder das der Dämonen zu teilen.[23] Trinkt er nämlich den verbotenen „Drachenwein“, den Zorn mit all seinen Folgen, wird er schon jetzt zum „Dämon“, zur „Schlange“[24]. Erwirbt er hingegen die angelische Tugend der sanftmütigen Liebe, wird er „engelgleich“. Sehen wir nun genauer zu, worin diese „Engelgleichheit“ besteht und wem sie zuteil wird.

Im Alten Bund „haben *einige* Menschen die Gründe der Dinge auf Erden erkannt“[25], z. B. Moses und David, wie wir schon sahen. Im Neuen Bund hingegen steht diese Erkenntnis im Prinzip *allen Getauften* offen, jenen nämlich, „die an Christus geglaubt“[26] und das „geistliche Siegel“[27] empfangen haben. Jene „Salbung“ des Heiligen Geistes nämlich, welcher ihnen die Geheimnisse Gottes offenbart.[28] Es sind diese „Söhne der Auferstehung“, von denen Christus sagte, sie würden nicht sterben, da sie „engelgleich“ würden.[29]

19 Joh 6,51.
20 *in Ps* 77,25 ι.
21 *Or* 40.
22 *in Prov* I,32 (Gehin 16); vgl. *KG* IV,13.
23 *KG* III,76.
24 *Ep* 56,4.5.
25 *KG* I,23.
26 *KG* V,6; vgl. Gal 2,16 und Hebr 12,22.
27 *Mn* 124.
28 *in Ps* 118,131 ν θ.
29 Lk 20,36.

Diese „Engelgleichheit", und dessen ist sich natürlich auch Evagrios bewusst, ist ein *eschatologisches Gut.* Doch wie alle eschatologischen Heilsgüter wird auch dieses bereits hier auf Erden *gnadenhaft,* gleichsam als „Angeld" künftiger Herrlichkeit,[30] erfahren. Und zwar, wie wir sahen, im „wahren Gebet"[31], jener „wahren Anbetung des Vaters in Geist und Wahrheit"[32] nämlich, von der Christus sagte, dass sie *jetzt,* da er erschienen ist, den Kult des Alten Bundes und jede Art von Gottesverehrung ablöse.[33] Denn der Engel steht nicht nur in einem besonderen Verhältnis zur „Schau des Antlitzes des Vaters in den Himmeln", sondern auch zu dem Gebet in „Geist und Wahrheit".

> „Wenn es in der Apokalypse heißt, der ‚Engel erhalte Weihrauch, um ihn den Gebeten der Heiligen beizugeben'[34], so vermute ich, dass dies jene Gnade bedeutet, die durch den Engel gewirkt wird. Er flößt nämlich dem Intellekt die Erkenntnis des wahren Gebetes ein, so dass dieser hinfort ohne jegliche Verwirrung dasteht, frei von Überdruss und Unachtsamkeit".[35]

„Jene Gnade" verweist zurück auf das vorhergehende Kapitel (*Or* 75), wo es heißt, das Herzutreten des Engels Gottes beende „mit einem einzigen Wort die ganze widrige Wirkung [des Dämons] in uns und rege das Licht des Intellektes dazu an, irrtumsfrei zu wirken". Mit anderen Worten, das „Licht" seiner *Erkenntnisfähigkeit* wird nun nicht mehr getrübt, sondern kann sich frei entfalten. Hier erfahren wir, dass sich diese Erkenntnis auf das „wahre Gebet" richtet, die „Anbetung des Vaters in Geist und Wahrheit, d. h. in seinem Heiligen Geist und seinem eingeborenen Sohn".[36]

30 2 Kor 1,22 usw.
31 *Or* 113.
32 *Or* 59.
33 Joh 4,23.
34 Apg 8,3.
35 *Or* 76.
36 *Or* 59.

Der Engel Gottes vermag uns diese erhabene Erkenntnis zu vermitteln, weil er ja nicht nur „alle Dinge auf Erden erkennt“[37] und das Zukünftige voraussagt, wie bei Daniel,[38] sondern auch „allzeit das Antlitz des Vaters in den Himmeln schaut“. Durch das „wahre Gebet“ aber wird der Mensch in seinem Verlangen, eben dieses Antlitz zu schauen, selbst „engelgleich“[39]. Das folgende Kapitel führt diesen Gedanken zu Ende und nennt auch die Bedingungen für diese Erhöhung des Menschen.

> „Es heißt, ‚die Weihrauchschalen, die die vierundzwanzig Ältesten darbrachten, seien die Gebete der Heiligen‘[40]. Unter der Schale ist die Freundschaft mit Gott, anders gesagt, die vollkommene und geistliche Liebe zu verstehen, in welcher das Gebet in Geist und Wahrheit wirksam wird“.[41]

Jene „Heiligen“, denen diese „Freundschaft mit Gott“, die zugleich auch Freundschaft mit den heiligen Mächten, den Engeln ist,[42] zuteil wurde, sind zunächst all jene, von denen die Heilige Schrift überliefert, dass sie „Freunde Gottes“ waren. Dies sind im Alten Bund Abraham[43] und Moses[44], im Neuen Bund Johannes der Täufer[45], und die Apostel[46]. Sodann sind es eben auch alle jene, die der „Gnade der Erkenntnis des wahren Gebetes“ gewürdigt wurden. Dies sind für Evagrios in erster Linie jene, die er „geistliche Väter“ nennt und die man „ehren muss wie die Engel“[47]. An ihnen lässt sich exemplarisch ablesen, was Evagrios unter einem *angelischen Menschen* versteht. Denn ihnen ist ja jene Er-

37 *in Ps* 4,7 ς.
38 *Or* 80.
39 *Or* 113.
40 Offb 5,8.
41 *Or* 77.
42 *in Prov* 10,18 (Gehin 120).
43 Jak 2,23; vgl. *in Prov* 19,4 (Gehin 189).
44 Ex 33,11.
45 Joh 3,29.
46 Joh 15,15; vgl. *in Prov* 6,1 (Gehin 69).
47 *Pr* 100.

kenntnis zuteil geworden, die die Engel auszeichnet,[48] und sie spielen ihren geistlichen Kindern gegenüber analog dieselbe Rolle, die den Engeln allgemein den Menschen gegenüber anvertraut ist.

> „... Wisse, dass Gott durch Christus über alles wacht“, und dass dieser wiederum seine Vorsehung über alles durch die heiligen Engel ausübt, die überreich die Erkenntnis ‚der Dinge auf Erden‘ besitzen ...“[49]

Gott verwirklicht also das Werk seiner Vorsehung der Welt gegenüber auf vielfältige Weise durch die „Hand“ der Engel.[50] Die „Welten“ der Engel und der Dämonen sind uns selbst zwar nicht direkt zugänglich.[51] Wir können also weder Engel noch Dämonen sehen,[52] wie sie wirklich sind, und im Falle der Engel sollen wir auch nicht einmal wünschen, sie zu sehen,[53] da solche „Erscheinungen“ nur allzu oft dämonischer Trug sind.[54] Wer darauf hereinfällt, riskiert den Verstand zu verlieren. Um für uns sichtbar zu werden, nehmen die Dämonen nämlich gerne *fremde Körper* an,[55] und um uns zu täuschen, verwandeln sie sich dann in „Engel des Lichtes“[56].

Auf unsichtbare Weise also ist die Menschheit allgemein der Führung der heiligen Engel anvertraut.[57] Darüber hinaus besitzt auch jeder Mensch seinen persönlichen *Schutzengel*, der „ihm von Jugend an beigegeben ist“[58]. „Sie sind unsere Führer, denen wir von Anfang an übergeben worden sind“.[59]

---

48 Vgl. *KG* V,7.
49 *in Eccl* 5,7–11 (Gehin 38).
50 *in Ps* 16,13 ζ.
51 *M. c.* 19,27ff; *KG* III,78.
52 Vgl. *KG* VI,69.
53 *Or* 115.
54 *Or* 95.
55 *KG* I,22.
56 2 Kor 11,14; vgl. *Ep* 29,4; *Eul* 34; *in Prov* 20,27 (Gehin 221).
57 *in Prov* 29,26 (Gehin 370); *in Eccl* 5,5–11 (Gehin 38).
58 *in Prov* 19,4 (Gehin 189).
59 *in Prov* 29,26 (Gehin 370).

Die Aufgabe der Engel, die uns natürlich sehr wohl sehen[60] und sich auch unserer Welt zu nahen vermögen,[61] ganz wie die Dämonen, besteht zunächst darin, uns gegen die Angriffe der Dämonen zu verteidigen.[62] Dies tun sie nicht zuletzt auch im Gebet, bei dem sie stets zugegen sind,[63] indem sie „mit einem einzigen Wort die ganze widrige Wirkung [der Dämonen] in uns zum Schweigen bringen“[64], wie wir schon sahen. Deshalb dürfen wir nicht nachlässig sein, wollen wir sie, die doch für uns kämpfen, nicht erzürnen.[65]

Sodann flößen sie uns ihre „unwiderstehlichen“ angelischen Gedanken ein,[66] die uns – zusammen mit unserem eigenen Willen und den in unserer geschöpflichen Natur wie Samen hinterlegten Tugenden – in den Stand versetzen, den dämonischen Gedanken zu widerstehen und das Gute zu tun.[67] Dabei sind sie in ihren erzieherischen Mitteln nicht immer wählerisch, da sie sich auch nächtlicher Schrecken und harter Schläge bedienen, um uns auf den rechten Weg zu bringen.[68] Das Ziel dieser vielfältigen Fürsorge ist stets, uns zu der ihnen eigenen *angelischen Erkenntnis* zu führen.

> „Durch die Gründe der Ermahnung reinigen uns die heiligen Engel vom Bösen und machen uns leidenschaftslos, durch jene der Natur und durch die göttlichen Gründe befreien sie uns vom Nichtwissen und machen uns zu Weisen und Gnostikern“.[69]

Die Engel vermitteln uns also, indem sie uns die ihnen eigene „intelligible und geistliche Erkenntnis“ lehren,[70] die ganze, aus *Praktike, Phy-*

60 *KG* VI,69.
61 *KG* III,78.
62 *Ant Prol* 1.
63 *Or* 145.
64 *Or* 75; vgl. 30.
65 *Or* 81.
66 *Pr* 80.
67 *M. c.* 31; vgl. *Ep* 18; *Sk* 46.
68 *KG* VI,86.
69 *KG* VI,35.
70 *KG* VI,2; *in Ps* 67,35 κ β.

*sike* und *Theologike* bestehende, zu unserem Heil nötige Erkenntnis.[71] Die sich auf die *Praktike* beziehende „praktische Erkenntnis“[72] betrifft vor allem die „Gründe“ des asketischen Kampfes gegen die Dämonen,[73] die es dem Mönch erlaubt, die „*Praktike* mit Erkenntnis“ zu üben.[74] Der folgende Text gibt uns eine Vorstellung davon, was Evagrios unter der „Erkenntnis der Natur“ versteht.

> „Durch häufige Beobachtung haben wir erkannt, dass der Unterschied zwischen den angelischen, den menschlichen und den von den Dämonen herrührenden Gedanken folgender ist. Erstens: Die angelischen [Gedanken] befassen sich mit den Naturen der Dinge und erforschen ihre geistlichen Gründe. Zum Beispiel: Weshalb das Gold entstand und weshalb es sandig ist und in den unteren Gebieten der Erde verstreut liegt und mit viel Anstrengung und Mühe gefunden wird, und weshalb es, einmal gefunden, im Wasser gewaschen und dem Feuer übergeben und so den Händen der Künstler anvertraut wird, welche ‚den Leuchter des Zeltes und den Rauchopferaltar und die Räuchergefäße und die Schalen herstellen‘[75], aus denen durch die Gnade unseres Erlösers der babylonische König jetzt nicht mehr trinkt,[76] sondern Kleopas, der ein Herz hinweg trägt, das von derartigen Geheimnissen entflammt ist.[77]
>
> Der dämonische Gedanke weiß und kennt diese Dinge nicht. Er suggeriert nur schamlos den Erwerb des sinnenfälligen Goldes und sagt das daraus erwachsende Wohlleben und Ruhm voraus.
>
> Der menschliche Gedanke schließlich sucht weder den Erwerb des Goldes noch befasst er sich damit, wessen Symbol es ist,[78] sondern

71 *KG* VI,35; $S_1$ ist hier deutlicher.
72 *in Ps* 118,159 ο β.
73 *Pr* 83.
74 *Pr* 50.
75 Ex 25,28.
76 Vgl. Dan 5,2f.
77 Lk 24,18.32.
78 Das *Gold* ist in Ijob 28 ein Symbol der *Weisheit*!

> er führt nur die bloße Form des Goldes in den Geist ein, frei von der Leidenschaft des Geizes.
>
> Indem man diese Regel mystisch übt, lässt sich dasselbe auch von den anderen Dingen sagen".[79]

In ähnlicher Weise „erhellen" die heiligen Engel dem Kontemplativen nicht nur die Dinge, die Gott gewirkt hat, sondern – wie einst dem Daniel – auch „die Gründe der zukünftigen Dinge"[80]. Diese Aufgabe erfüllen sie, bis wir in Gott zur Vollendung gelangt sind, denn dann gibt es weder „Lernende noch Lehrende" mehr.[81]

Die „göttlichen Gründe"(oder die die Gottheit betreffenden Gründe)[82] beziehen sich auf die Gotteserkenntnis oder *Theologike* im engeren Sinn. Diese ist, soweit sie zu unserem Heil notwendig ist, in den „heiligen Dogmen"[83] der katholischen und apostolischen Kirche[84] festgehalten und wird im „Taufglauben"[85] bekannt. Sie ist deshalb auch vor allem Gegenstand des *Glaubens*[86]und der *Anbetung*[87], nicht der rein rationalen „Erforschung", weshalb Evagrios auch rät, nur selten an diese Themen zu rühren.[88] Unser der materiellen Welt entlehntes begriffliches Instrumentarium eignet sich nicht für die Erkenntnis der göttlichen Dinge.[89] Wer sich dessen nicht stets bewusst bleibt, wendet leicht die für die Erkenntnis des Geschaffenen entwickelten Kategorien auf Gott an und geht so in die Irre.[90] *Wahre* Erkenntnis des einen Gottes in den drei wesensgleichen Hypostasen des Vaters, des Sohnes und des Heiligen

79 *M. c.* 8.
80 *Or* 80.
81 *in Ps* 144.13 ε.
82 Vgl. *KG* I,10.
83 *Mn* 124.
84 *in Prov* 24,6 (Gehin 266).
85 *Mn* 124.
86 *Inst. mon.* (PG 79,1237 D).
87 *Gn* 41.
88 *in Prov* 25,17 (Gehin 310).
89 Vgl. *in Eccl* 5,1–2 (Gehin 35).
90 Vgl. *Gn* 41.

Geistes hat für Evagrios einen „angelischen" Charakter. Sie entfaltet sich im „wahren Gebet", dem „in Geist und Wahrheit", das allein den Menschen im eigentlichen Sinn zu einem „Theologen" macht![91]

An ihrem *selbstlosen Tun*, z. B. auch ihrer Aufmunterung zum Gebet, ja ihrer Fürbitte für uns,[92] wird deutlich, dass die Engel „Diener des Erbarmens und der Liebe"[93] sind. „Engelgleichheit" besteht folglich zunächst in der Nachahmung der angelischen Tugenden. In der Tat beschreibt Evagrios die Tätigkeit der „Schüler der Engel"[94], jener oben genannten „Weisen" und „Gnostiker", d. h. vor allem der „geistlichen Väter", die deshalb so genannt werden, weil sie die „Gabe des Geistes besitzen und viele für die Tugend und die Erkenntnis Gottes zeugen"[95], auf ganz ähnliche Weise wie das Tun der Engel.

> „Wer immer der geistlichen Erkenntnis gewürdigt ward, wird den heiligen Engeln helfen und die vernünftigen Seelen von der Bosheit zur Tugend und vom Nichtwissen zur Erkenntnis führen"[96],

und zwar schon in diesem Leben, erst recht aber im „kommenden Äon", wenn er selbst im eigentlichen Sinn zum „Engel" geworden ist.[97] Umgekehrt heißt es von unfähigen „Altvätern", die den Jahren nach über die Erkenntnis verfügen sollten, tatsächlich aber immer noch von den Leidenschaften beherrscht werden.[98]

> „Im kommenden Äon"[99] wird ein zorniger Mann nicht den Engeln beigezählt werden, noch wird ihm eine ‚Herrschaft'[100] anvertraut

91 *Or* 61.
92 *Or* 81.
93 *Pr* 76.
94 *KG* III,65.
95 *Ep* 52,7.
96 *KG* VI,90; vgl. V,46.65.
97 *KG* VI,24.
98 Vgl. *Gn* 31; *in Ps* 118,100 μ δ; *Mn* 2,112.
99 Mt 12,32 u. ö.
100 Gemeint ist die *Herrschaft* über „fünf oder zehn Städte" Lk 19,17–19, nach *KG* VI,24, ein Symbol der *Erkenntnis*.

> werden. Denn er sieht nicht wegen der Leidenschaft[101] und leicht wird er erregt wider die, die von ihm geführt werden; er fällt von der Kontemplation ab und bringt jene [die ihm anvertraut sind] in Gefahr. Beides ist jedoch dem Stand der Engel fremd".[102]

Ganz anders der wahre geistliche Vater, der uns wie ein Engel „für die Kämpfe salbt und die Bisse der wilden Tiere [d. h. der Dämonen] heilt"[103]. Er hat „seinen Wandel allzeit im Himmel, nicht allein im bloßen Wort, sondern in angelischem Tun und göttlicher Erkenntnis".[104]

> „Es ist rechtens, nicht allein für die eigene Reinigung zu beten, sondern auch für die eines jeden Stammesgenossen, um so angelische Weise nachzuahmen".[105]

In seiner Sorge selbst um das „gefallene Ebenbild Gottes"[106] greift der geistliche Vater, ganz wie die Engel, bisweilen auch zu drastischen Mitteln, da er auf die „Reinen" zwar wie ein erhellendes „Licht" wirkt, auf die „Unreinen" jedoch wie beißendes, reinigendes Salz[107]. Dabei ist er jedoch, obgleich streng mit den Zänkern,[108] weder finster noch unzugänglich[109], sondern stets bereit, die Kleinmütigen aufzurichten,[110] will er doch wie Gott selbst,[111] „dass alle Menschen gerettet werden und zur Erkenntnis der Wahrheit gelangen"[112]. Seine vornehmste Tugend ist die angelische *Zornlosigkeit.*[113] Er ist daher eher bereit, ein Unrecht zu erdulden als sein Recht zu erstreiten.[114] In seiner „Herablassung" ist er

101 Vgl. *KG* V,27.
102 *KG* IV,38 gr.
103 Vgl. *Pr* 100.
104 *Or* 142.
105 *Or* 40.
106 *Gn* 50.
107 *Gn* 3.
108 *Gn* 26.
109 *Gn* 22.
110 *Gn* 28.
111 1 Tim 2,4.
112 *Gn* 22.
113 *Gn* 5.10.32.
114 *Gn* 8.

stets maßvoll,[115] voller Rücksicht auf die geistliche Reife seiner Hörer.[116] Obwohl selbst lebenslang ein strenger Asket,[117] frei von Sorgen um die eigenen Bedürfnisse[118] und vollkommen selbstlos,[119] ist er stets freigebig mit Almosen.[120]

Die Hauptaufgabe dieses angelischen Menschen ist natürlich die *Lehre*, und zwar stets anhand der recht verstandenen Heiligen Schrift,[121] die ja par excellence die Offenbarungsquelle all unserer Erkenntnis ist.[122] Dabei bleibt er sich stets bewusst, dass seine Erkenntnis hinter der der Engel zurücksteht.[123] Schließlich ist er ja trotz allem eben ein Mensch, wie alle Menschen mit Schwachheiten behaftet, der, indem er andere pflegt, unbemerkt auch sich selbst heilt.[124]

So hoch Evagrios auch das Ideal der „Engelgleichheit" preist, man darf nicht vergessen, dass es sich dabei um ein Bild handelt. Der Mensch ist weder als Engel erschaffen worden, noch ist er dazu bestimmt, bei der Vollendung der Schöpfung „nur" ein Engel zu werden! Das vollkommene „Bild Gottes", nach dem der Mensch nicht nur erschaffen, sondern in der heiligen Taufe auch „erneuert" wurde, ist *Jesus Christus*, der Mensch gewordene Sohn Gottes. Das letzte Ziel unseres „Aufstiegs" zu Gott ist daher nicht allein die „Angleichung an die heiligen Mächte"(ὁμοίους ταῖς ἁγιαίς δυνάμεσιν), an die Engel also, sondern die „Verähnlichung" (παρεμφέρειν) mit Christus!

> „... Denn es muss sich ja gänzlich das Gebet unseres Herrschers erfüllen. Jesus ist es ja, der betet: ‚Gib ihnen, sagt er, dass auch sie

115 *Gn* 6.
116 *Gn* 13.14.23.25.35.36.
117 *Gn* 37.
118 *Gn* 38.
119 *Gn* 24.
120 *Gn* 7.
121 *Gn* 18–21.34.
122 *KG* VI,1; vgl. II,64.69 u. ö.
123 *Gn* 16.40.
124 *Gn* 33.

in uns seien, wie auch ich und du eins sind, Vater'[125]. So werden wir nämlich sein: hinfort weder Zuwachs noch Minderung im Hinblick auf die Erkenntnis erfahrend, vielmehr auf immer im Herrn vollendet lebend".[126]

Diese „Verähnlichung" beginnt mit der Taufe, bei der wir „in Christus eingetaucht werden und Christus [wie ein Kleid] anlegen[127] als Weisheit, Wahrheit und Gerechtigkeit"[128] und eben auch als „Sanftmut", jene Eigenschaft, die ihn vor allen anderen auszeichnete.[129] *Christus* sollen wir daher hier auf Erden vor allem „nachahmen"[130], zu „Schülern *seiner* Sanftmut sollen wir werden!"[131]

Daher kann dem Menschen auch das „Brot der Engel", d. h. ihre vollkommene Erkenntnis „der Dinge auf Erden"[132], anders gesagt der Schöpfungsordnung und der Heilsgeschichte,[133] letztlich nicht genügen. *Vollkommene* Erkenntnis des „ersten Grundes" aller Dinge hat allein Christus,[134] d. h. er besitzt nicht nur die begrenzte „Kontemplation des Geschaffenen, sondern er erkennt den selbst, der alles erschuf"[135]. *Sein* „Brot", sein „Fleisch und Blut" müssen wir daher „essen", um „Teilhaber am Logos und an der Weisheit" Gottes zu werden,[136] was die Dämonen natürlich mit aller Macht zu vereiteln suchen.[137] Allein der

125 Joh 17,21. Vgl. G. BUNGE, Mysterium Unitatis. Der Gedanke der Einheit von Schöpfer und Geschöpf in der evagrianischen Mystik, in: Freiburger Zeitschrift für Philosophie und Theologie 36 (1989), 449–469.

126 *in Ps* 88,46 ι η.

127 Gal 3,27.

128 1 Kor 1,30; vgl. *in Ps* 21,19 η.

129 *M. c.* 11,29f.

130 *M. c.* 13,12f.

131 Vgl. *Ep* 36,3; 56,9.

132 2 Sam 14,20; vgl. *Gn* 16; KG I,23; *in Eccl* 5,7–11 (Gehin 38,6); *in Ps* 4,7 ς; 29,8 ζ.

133 *in Ps* 118,171 ο θ u. ö.

134 *Gn* 40.

135 *in Ps* 88,9 δ.

136 *Ep. fid.* 4,15ff; vgl. *Mn* 118.119.

137 *in Ps* 67,24 ι ε.

*Logos* und der Geist werden uns einst die vollkommene *Erkenntnis des Vaters* zugänglich machen.[138]

Gnadenhaft erfährt der „engelgleiche" Mensch diese seine eschatologische Überhöhung[139] bereits hier auf Erden, wenn er – von allen Leidenschaften gereinigt – sein Haupt an die „Brust" Christi lehnen darf,[140] wie einst der Evangelist Johannes,[141] der „Theologe". Dies geschieht „zur Zeit des Gebetes", dann nämlich, wenn er vom Vater die „vorzügliche Gabe"[142] des wahren Gebetes „in Geist und Wahrheit" empfängt,[143] die ihn selbst zum „Theologen" macht,[144] zu einem Menschen also, der nicht nur *über* Gott und seine Werke spricht, sondern aus innigster Vertrautheit *von ihm* zeugt. Hinfort lobt er Gott auch nicht mehr – wie die Engel und der angelische Mensch[145] – aus den Kreaturen, sondern auf unsagbare Weise „preist er Gott aus Gott in Hymnen"[146]. Was das bedeutet, vermag nur zu begreifen, wer es selbst erfahren hat.

138 *Ep. Mel.* passim.
139 *Ep. Mel.* 54–62.
140 *Mn* 120; *Ep. Mel.* 67.
141 Joh 13,25.
142 *Or* 70.
143 *Or* 59.
144 *Or* 61.
145 *in Ps* 118,171 ο θ.
146 *Or* 60.

„… denn seine Lehre war sehr sanft“

# XII

## XII „... denn seine Lehre war sehr sanft"

Evagrios war ein spekulativ hochbegabter Kopf, und manch einer könnte vielleicht versucht sein, seine Lehre von Engel, Mensch und Dämon und ihren Tugenden bzw. Lastern als bloßes philosophisch-theologisches Theoretisieren abzutun. Nennt man ihn nicht gerne den „Philosophen in der Wüste"? Dabei übersieht man jedoch, dass Evagrios auch und vor allem, namentlich in seiner Zeit als Mönch, ein *Mystiker* war, der sich auf Erlebtes stützte, eigenes wie das der Väter seiner Zeit.

Biografische und autobiografische Texte bezeugen, dass die angelische bzw. dämonische Welt für ihn wie für seine Mitbrüder in der Wüste zunächst einmal eine *Erfahrungstatsache* war, ehe man sie theoretisch zu durchdringen suchte. So hat Evagrios z. B. den dämonischen Ursprung bestimmter psychosomatischer Phänomene (wie wir heute sagen würden) am eigenen Leib erfahren,[1] bzw. bei anderen Mönchen beobachtet,[2] ehe er sie mit Hilfe seiner geistlichen Väter zu deuten versuchte.[3] Auch der Zusammenhang, den er zwischen der glaubenszerstörenden Häresie und den Dämonen herstellt,[4] ist nicht nur verbreitete Überzeugung seiner Zeit, sondern für Evagrios auch eine erschreckende *persönliche Erfahrung,* wie er ausdrücklich bezeugt.

> „Nun also, mein Sohn, höre auf mich
> und nahe dich nicht den Türen gesetzloser Männer,
> noch tritt auf ihre Schlingen,
> damit du nicht gefangen werdest.
> Halte fern deine Seele von [ihrer] Pseudo-Gnosis!
> Denn auch ich habe oftmals mit ihnen gesprochen,
> doch als finster ihre Worte ausgespäht,
> und Schlangengift fand ich in ihnen.

1 *M. c.* 33; *Vita* Kap. H.I.
2 *Ant* IV,36.72 usw.
3 *M. c.* 33,24ff.
4 *in Ps* 141,4 α; vgl. 26,2 α.

Weder Klugheit noch Weisheit ist in ihren Worten.
All jene, die sie annehmen, gehen zugrunde,
und jene, die sie lieben, werden mit Übeln erfüllt.
Denn ich habe die Väter ihrer Lehren gesehen
und traf in der Wüste mit ihnen zusammen.
Denn die Feinde des Herrn sind mir begegnet
und Dämonen haben durch Worte mit mir gekämpft,
und ich sah kein wahres Licht in ihren Reden“.[5]

Palladios, der Schüler, Freund und Biograf des Evagrios, berichtet uns sehr ausführlich von diesem dramatischen Zusammenstoß mit den Dämonen, die Evagrios in der Gestalt von Klerikern häretischer Sekten aufgesucht hatten.[6]

Ganz ähnlich steht es mit anderen Aspekten des geistlichen Lebens, wie etwa der Schau des „Lichtes der Heiligen Dreifaltigkeit“[7], von der Evagrios so oft spricht. Einer mystischen Erfahrung verdankt Evagrios nun ganz offensichtlich auch seine ständig wiederholte Überzeugung, dass die Sanftmut nicht nur die „Mutter der Erkenntnis“ ist, sondern auch angelischen Ursprungs ist. Man beachte den Zusammenhang, in dem Evagrios diese Erfahrung macht.

> „Ein andermal quälte ihn der Geist der Blasphemie und er verbrachte vierzig Tage, ohne unter das Dach einer Zelle zu treten, bis sein Körper voller Ungeziefer war, wie ein vernunftloses Tier.[8]
>
> Einige Tage später berichtete er uns von den Offenbarungen, die er geschaut hatte. Er verbarg seinen Schülern nie etwas. ‚Es geschah, sagte er, dass ich des Nachts in meiner Zelle saß, die brennende Lampe an meiner Seite, während ich über einen der Propheten meditierte. In der Mitte der Nacht hatte ich eine Entrückung und es

5 *Mn* 126; vgl. 123–125.
6 *Vita* Kap. 11, auch griechisch erhalten.
7 Vgl. *Ant* VI,16.
8 *Vita* Kap. 10.

> war, als befände ich mich im Traum des Schlafes.[9] Ich sah mich in der Luft bis zu den Wolken hängend und umfasste mit einem Blick das ganze All. Der, an dem ich hing, sagte: ‚Siehst du all das?' Er hatte mich in der Tat bis in die Wolken emporgehoben und ich sah die ganze Welt mit einem Schlag. Ich sagte zu ihm: ‚Ja'. Er sagte zu mir: ‚Ich werde dir ein Gebot geben. Wenn du es in die Tat umsetzt, wirst du über alles, was du gesehen hast, herrschen'. Er sagte mir dann: ‚Geh, sei barmherzig und sanftmütig und setze dein Denken gerade in Gott.[10] Und du wirst über all dies herrschen!' Als er geendet hatte, mir dies zu sagen, sah ich mich wieder, das Buch haltend, der Docht brennend, und ich wusste nicht, wie ich zu den Wolken emporgehoben worden war. ‚Sei es, dass ich im Fleische war, ich weiß es nicht, Gott weiß es, sei es, dass ich im Geiste war, ich weiß es auch nicht'[11].
>
> Und er kämpfte um diese beiden Tugenden, als ob er [mit ihnen] alle Tugenden besäße".[12]

Evagrios muss von dieser Erfahrung, die nicht ohne Parallelen in der christlichen Mystik ist,[13] zutiefst getroffen worden sein. Nicht von ungefähr spielt er auf die Entrückung des Paulus an, die diesen ebenfalls bleibend gezeichnet hat. Jedenfalls hat er sich die Mahnung des himmlischen Boten – ein Engel oder gar Christus? – zu Herzen genommen und zur Grundlage seiner eigenen asketisch-mystischen Lehre gemacht. Palladios fährt nämlich fort:

---

9 Es handelt sich um einen *mystischen Zustand*, den Evagrios bisweilen mit dem *Schlaf* vergleicht, vgl. *in Ps* 126,2 γ. Man weiß dann nicht, dass man sich „in der Kontemplation" befindet, vgl. *in Ps* 126,2 γ ἀ λ. 1. Da es sich um einen Zustand „vollkommener Unempfindlichkeit", wörtlich „Abwesenheit von Sinneswahrnehmungen" (ἀναισθησία) (*Or* 120) handelt, ist die *Nacht* der Kontemplation günstiger als der Tag, vgl. *KG* V,52, zu vergleichen mit Cassian, *Conl* 9,3!

10 Gemeint ist wohl der *rechte Glaube*.

11 2 Kor 12,2.

12 *Vita* Kap. J.

13 Vgl. etwa die berühmte Vision des hl. Benedikt, Gregor d. Gr., Dial II, XXXV,3.

> „Er pflegte zu sagen, dass die Sanftmut den Intellekt zur rechten Erkenntnis führt, indem sie ihn nach oben zieht. Es steht ja geschrieben: ‚Er wird die Sanftmütigen seine Wege lehren‘[14]. In der Tat, dies ist die Tugend der Engel ...“[15]

Was Evagrios andere in seinen Schriften lehrte, praktizierte er zuerst selbst. Die Menschen, die diese Schriften lasen[16] oder die in Scharen zu ihm kamen, um bei ihm Hilfe in ihren Schwierigkeiten zu finden, taten dies, weil „seine Lehre sehr sanft war“[17], ebenso wie sein ganzes Verhalten.

> „Es war unmöglich, in seinem Mund ein weltliches Wort zu finden oder eine Spöttelei, und er wollte auch keine von anderen hören“[18],

weil diese Spötteleien, vor allem bei Gebildeten, nur zu oft *Groll* oder *Neid* verbergen. Ebenso war ihm jedes *Karrierestreben*, auch dies eine Erscheinungsform des fehlgeleiteten Jähzorns, völlig fremd. Der ehemalige Diakon des Erzbischofs von Konstantinopel entzog sich seiner Berufung zum Bischof von Thmuis sogar durch die Flucht nach Palästina.[19] Das Bild, das der Kirchenhistoriker Sozomenos im 5. Jahrhundert von ihm – aufgrund schriftlicher oder mündlicher Tradition – zeichnet, dürfte daher seinen Charakter treffend wiedergeben.

> „Man sagt, sein Wesen sei bescheiden gewesen, Dünkel und Hochmut habe er in einem solchen Maße gebändigt, dass er sich weder – recht gelobt – durch den Beifall aufblies, doch – ungerecht getadelt – über die Kränkung unwillig wurde“.[20]

14 Ps 24,9.
15 *Vita* Kap. K.
16 Vgl. *Ep* 4; 19,2; *HL syr.* [73,4].
17 *Vita* Kap. E.
18 *Vita* Kap. L; vgl. *Gn* 32; *Eul* 17.
19 *Vita* Kap. G.M.
20 Sozomenos, *HE* VI,30 (PG 67,1384 B).

Wie wir durch Palladios und aus seinen persönlichen Briefen wissen, hat es Evagrios tatsächlich weder an Beifall noch an Tadel gefehlt. Seine geistliche Lehre erregte schon zu Lebzeiten allgemeine Aufmerksamkeit und trug ihm – unwillig abgewiesenes[21] – Lob ein. Diese Berühmtheit reizte manchen Mitbruder selbst seiner unmittelbaren Umgebung zu harscher Kritik. So etwa den gebildeten Heron, der erklärte, „man dürfe keinen anderen Lehrer haben, als Christus“[22] – als ob Evagrios je etwas anderes gelehrt oder von seinen Schülern erwartet hätte![23] Heron kam später aufgrund seiner *Überheblichkeit* schmählich zu Fall. Nicht anders erging es dem strengen Asketen Eukarpios, der Evagrios verächtlich einen „Wortdrechsler“ nannte und ihm unterstellte, er führe die Leute mit seiner Lehre in die Irre.[24] Beide Mönche waren – nach evagrianischer Lehre – Opfer des Dämons des Zorns.

Auf seine unleugbare Wortgewandtheit spielt Evagrios bisweilen selbstironisch an.[25] Sie trug ihm einmal eine öffentliche Zurechtweisung seines Lehrers Makarios von Alexandrien, des Priesters der Kellia, ein. Diese Episode, die wohl auch Sozomenos gekannt hat, ist in das „Gerontikon“, die alphabetische Sammlung der Vätersprüche, eingegangen, die sonst nur Auszüge aus den Schriften des Evagrios übernommen hat.

> „Es fand einst in den Kellia wegen einer Angelegenheit eine Versammlung statt und es sprach [auch] Abba Evagrios. Da sagte der Priester [Makarios] zu ihm: ‚Wir wissen, Abba, dass du, wärest du in deiner Heimat, wohl oft Bischof und das Oberhaupt von vielen hättest sein können. Nun aber wohnst du hier als Fremder.‘ Er aber, erfüllt von Reue, ward nicht verwirrt, sondern wiegte [zustimmend] den Kopf und sagte zu ihm: ‚Es ist wahr, Vater. Indessen, einmal habe ich geredet, ich werde es nicht ein zweites Mal tun‘[26].

21 *Ep* 52,1f.
22 *HL* 26,1.
23 Vgl. *Vita* Kap. Ab, wo sich ein bewegendes Zeugnis des Palladios über seinen Lehrer findet.
24 *HL* syr. [73,4]
25 *Pr* 94.
26 Alphabetikon, (Weisungen der Väter Band 14) Abbas Evagrios Spruch 7; nach Ijob 40,5., S. 98f, Beuron 2012.

Evagrios hat uns übrigens seine eigene Version dieser Episode, die wohl in die Frühzeit seines Aufenthaltes in den Kellia fällt, überliefert und auch gleich die geistliche Deutung dazu geliefert. Der anonyme Bruder in der folgenden Begebenheit dürfte er nämlich selbst gewesen sein.

> „Ein Bruder wurde von einem Gottesfürchtigen gekränkt. Die Ungerechtigkeit ertragend ging er weg, hin- und hergerissen zwischen Freude und Trauer. Ersteres, weil er, ungerecht behandelt und gekränkt, nicht in Verwirrung geraten war, letzteres, weil sich der Gottesfürchtige geirrt und sich in seinem Irrtum gefreut hatte“.[27]

Evagrios meint also wohl, Makarios habe ihn öffentlich herabgesetzt, weil er annahm, sein Schüler habe aus Eitelkeit geredet, was offenbar nicht der Fall war. Evagrios fährt dann fort:

> „Begreife aber, dass auch dem Täuscher [d. h. dem Dämon] beides widerfuhr, insofern er sich zwar höchlichst freute, [den Beleidiger] verwirrt zu haben, jedoch um so mehr betrübt wurde, als [der Beleidigte] nicht ebenfalls in Verwirrung geriet.“

Evagrios kommt später offenbar noch einmal auf diese Begebenheit zurück und stellt dann lakonisch fest: „Wenn du um deines Dienstes willen auf fremdem Boden wandelst, erwarte nicht, von allen als Gast behandelt zu werden. Halte dich selbst der Ehre für unwürdig, um so den Gedanken der Schmähung in die Flucht zu jagen, selbst wenn er die Wahrheit sagt.“ Wird man geschmäht, so soll man den Beleidiger segnen, den Groll aber auf den Teufel werfen,[28] der ja der Urheber sowohl der Beleidigung als auch des Grolls ist.

Evagrios zieht aus diesem Zwischenfall, der ihn offenbar doch tief getroffen hat, den Schluss, dass man am besten „durch die Lippen dem

27 *Eul* 4.
28 *Eul* 21.

Zorn die Tür verschließt“[29]. Dieses demütige Schweigen ist ein sicheres Zeichen jener Sanftmut, die Evagrios zur „Mutter der Erkenntnis“ geworden ist, Erkenntnis eben auch des ganzen dämonischen Spiels der „Gedanken“. Schon seine Zeitgenossen, allen voran sein Freund Rufin, haben diese seine „Unterscheidung der Geister“ bewundert und gelobt.

> „Wir sahen dort [in den Kellia auch] einen überaus weisen und in allem wunderbaren Mann mit Namen Evagrios, dem unter anderen Vorzügen des Geistes eine solche ‚Gabe der Unterscheidung der Geister‘[30] und – wie der Apostel sagt – der ‚Reinigung der Gedanken‘[31] gewährt worden war, dass man der Meinung war, kein anderer der Väter sei je zu einer derartigen Erkenntnis der subtilen und geistlichen Dinge gelangt“.[32]

Evagrios hat uns kein eigenes Traktat „Über die Sanftmut“ hinterlassen, doch das Thema „Liebe“, „Sanftmut“ und (geistliche) „Freundschaft“ durchzieht wie ein roter Faden sein ganzes Werk. Bezeichnenderweise finden sich die ergreifendsten Texte in seinen persönlichen *Briefen* bzw. in den *Scholien* zu einzelnen biblischen Büchern, die wohl ebenfalls für ein dem Autor persönlich sehr nahestehendes Publikum bestimmt waren.[33] Deutlicher als in anderen Schriften wird hier, dass die Lehre des pontischen Mönchs wirklich ‚sehr sanft‘ war. Wie oft wird da in den Briefen „deine Liebe“ sogar als Anrede benutzt.[34] Denn die „heilige“[35] und wahrlich „göttliche Liebe“[36], ist doch Gott selbst – nach dem Wort des Lieblingsjüngers[37] – die „Urliebe“[38], ist jenes untrügliche Merkmal, an dem man die wahren Jünger Christi, „der unsere Lie-

29 Ibid.
30 1 Kor 12,10.
31 Vgl. 2 Kor 10,4.
32 *HM* XXVII. (7,1).
33 Vgl. G. BUNGE, „Der mystische Sinn der Schrift“, in: Studia Monastica 36 (1994), 135–146.
34 *Ep* 3,4; 4,1; 12,1; 19,1; 21,2; 31,1; 35; 41,1; 58,1.
35 *Ep* 60,2.4.
36 *Ep* 61,1.
37 1 Joh 4,8.
38 *Ep* 44,2; 56,3.

be ist“[39], erkennt.[40] Wie oft auch mahnt Evagrios die Adressaten seiner Briefe zur Sanftmut, jener konkreten Erscheinungsform der Liebe, durch die man den „Zorn eindämmt“[41]. Sie vor allem ist uns eine „Mutter der Erkenntnis“, weil sie „den Intellekt zum Kontemplativen“ macht,[42] zu einem Menschen also, den die göttliche Gnade die Dinge unmittelbar, „durch Augenschein“[43], erkennen lässt.

> „Ich bin nämlich überzeugt, dass deine Sanftmut dir zu einer Ursache großer Erkenntnis geworden ist. Denn keine einzige Tugend bringt so die Weisheit hervor wie die Sanftmut, um derentwillen auch Moses gelobt worden ward, er sei „sanftmütiger als alle Menschen“ gewesen. Und auch ich bete darum, ein Schüler des ‚Sanftmütigen‘ zu werden und genannt zu werden“.[44]

Daher „ist das erste und ursprünglichste (μία καὶ ἀρχαία) Gebot die Liebe, durch welche der Intellekt die Erst-Liebe (τὴν πρώτην ἀγάπην) schaut“, hat uns Gott doch „*zuerst* geliebt“[45]. „Denn durch unsere Liebe schauen wir die Liebe Gottes zu uns, wie im Psalm geschrieben steht: ‚Er wird die Sanftmütigen seine Wege lehren‘[46], Moses aber war sanftmütiger als alle Menschen,[47] und trefflich sagt der Heilige Geist[48]: ‚Er ließ Moses seine Wege erkennen‘.“[49]

> „Die Früchte der Liebe ziemte es uns vielmehr von euch zu erbitten, die ihr durch die Leidenschaftslosigkeit die göttliche Liebe erworben habt[50] und reich geworden seid des himmlischen

39 *Ep* 40,3; 44,2.
40 *Ep* 37,2; 40,1.
41 *Ep* 19,2.
42 *Ep* 27,2.4.
43 *Gn* 4.
44 *Ep* 36,3.
45 1 Joh 4,19.
46 Ps 24,9.
47 Num 12,3.
48 Ps 102,7.
49 *Ep* 56,3 gr. und syr.
50 Vgl. *Pr* 81.

‚Schatzes'[51]. ‚Auch sammeln ja nicht die Söhne den Vätern Schätze an, sondern die Väter den Söhnen'[52]. Da ihr also Väter seid, ahmet den ‚Vater' Christus[53] nach und nähret uns mit dem ‚Gerstenbrot'[54] durch die Lehre der Besserung der Sitten. Neigt euch zu unserer Rauheit herab, bis wir die tierischen Sitten von uns ablegen und des geistlichen ‚Brotes' gewürdigt werden, ‚das vom Himmel herabgestiegen ist'[55] und das alle vernunftbegabten Naturen nach dem Maße ihrer Verfassung nährt.

Denn ‚der, der herabgestiegen ist, ist auch derselbe, der hinaufgestiegen ist, auf dass er alles erfüllte'[56]. Und wenn er alles erfüllt, dann werden ‚wir alle aus der Fülle Christi, unseres Erlösers, empfangen'[57]. Denn die ‚Fülle Christi'[58] ist die geistliche Erkenntnis der vergangenen und der zukünftigen Welten, zusammen mit wahrem Glauben an die Heilige Dreifaltigkeit.

Vollkommener Glaube aber wird erworben durch den Verzicht auf alle Gedanken an körperliche Dinge. Und es offenbart sich die Heilige Dreifaltigkeit dem Intellekt, [damit der Intellekt sie zu schauen vermag],[59] wenn er sich der Leidenschaften und seines ‚alten Menschen' entledigt hat, ‚der von den trügerischen Lüsten zugrunde gerichtet wird'[60]. Dieser aber wird, wenn er aufgerieben ist, zu einem Ganzopfer für Gott durch einen geraden Lebenswandel und wahren Glauben".[61]

---

51 Gemeint ist die *Weisheit*, vgl. Weish 7,14; vgl. auch *Ep* 47, Anm. 1.
52 2 Kor 12,14.
53 Zu Christus als „Vater" vgl. *in Prov*/Spr 20,9 (Gehin 210).
54 Joh 6,9. Dieses „Gerstenbrot" symbolisiert hier die *Praktike*.
55 Joh 6,38.42.51. Das „geistliche Brot" ist Symbol der *himmlischen Erkenntnis*.
56 Eph 4,10.
57 Joh 1,16.
58 Eph 3,19; 4,13.
59 Der eingeklammerte Satz fehlt in manchen Handschriften.
60 Eph 4,22.
61 *Ep* 61.

# Epilog

# EPILOG

Wir sind am Ende unseres Gangs durch die Schriften des Evagrios angelangt. Die Mühe hätte sich gelohnt, wenn sie den Leser nachdenklich gemacht hätte. Es wäre schon viel gewonnen, wenn ihm seine Aggressivität nun weniger „natürlich" erschiene als bislang, ja wenn ihm bewusst geworden wäre, dass ihre Folgen im Sinne des Evagrios sogar durchaus widernatürlich sind, d. h. seiner ursprünglichen geschöpflichen Bestimmung diametral zuwiderlaufend. Damit hätte er die irrationale Kraft des Jähzorns natürlich noch nicht in den Griff bekommen, aber es wäre doch ein Ziel sichtbar geworden, ein Menschenbild von großer Würde und innerer Einheit. Denn es geht ja nicht um die Unterdrückung unserer natürlichen Vermögen, auch nicht der irrationalen, sondern um deren *Reinigung* und *Einigung*. Nur eine in ihren drei „Teilen" ganz geeinte Seele wird unangreifbar für die Dämonen, die uns ja bis zum Tode zusetzen werden. Christsein heißt kämpfen.

> „Wie ein Athlet nicht bekränzt werden kann,
> wenn er nicht im Ringkampf besteht,
> so kann keiner Christ werden
> ohne Kampf".[1]

Unser Leben gleicht in der Tat einem *Schlachtfeld*, auf dem uns die Dämonen durch ihre versucherischen „Gedanken" aufs heftigste bekriegen, um jenes widernatürliche Wirken der Vermögen der Seele herbeizuführen, das wir „Laster" nennen. Doch wir sind in diesem Streit nicht auf uns allein gestellt. Wir haben das *Vorbild* und die *Lehre* Christi, der den Satan ja bereits besiegt hat, und dazu die mächtige Hilfe der Engel Gottes. Unterliegt der Mensch im Kampf, dann liegt das nicht etwa an der Übermacht der Feinde und noch weniger an der Nachlässigkeit der Helfer, sondern einzig an unserer eigenen Lauheit![2] Es steht uns nämlich durchaus frei, den „dämonischen Gedanken" unserer

1 *Inst. mon.* (PG 79,1236 B).

2 *Ant Prol* 1.2.

Gegner oder den „angelischen Gedanken“ unserer Helfer *zuzustimmen,* und dann das *Leben* eines Dämons oder eines Engels zu führen. Ahmt der Mensch namentlich die vorherrschende Eigenschaft der Dämonen, den Zorn, nach, wird er selbst zum „Dämon“, zur „Schlange“. Macht er sich hingegen ‚angelische Weise‘ zu eigen, indem er die „Tugend der Engel“, die *Sanftmut,* nachahmt, erlangt er einen „fast angelischen Zustand“, ja wird „engelgleich“. Beides hat weitreichende Folgen! Denn „blendet“ ihn der Zorn, so macht ihn die Sanftmut zum „Kontemplativen“, das heißt ja zum „Schauenden“ der Geheimnisse Gottes und seiner Schöpfung.

Zorn und Sanftmut sind also Antagonisten. Sie stellen zwei *Grundhaltungen* dar, die sich gegenseitig ausschließen. So wenig Sanftmut bloße Schwächlichkeit ist, soll doch der „Sanfte ein Streiter“ sein, so wenig lässt sich diese Sanftmut mit Aggressivität im modernen Sinn des Wortes verbinden. Das scheint einleuchtend, ja selbstverständlich. Und doch lehrt die Erfahrung, dass viele Menschen versuchen, diese beiden Grundhaltungen miteinander zu verbinden. Genauer gesagt, sie halten zwar im Wort an dem christlichen Ideal der Liebe fest, doch ihr vermeintlich „heiliger Eifer“ für die *Wahrheit,* bei der man ja auch nach Evagrios „ausharren muss, auch wenn man dafür angefeindet wird“[3], hat allzu oft nicht diese Liebe, sondern den Zorn zur geheimen Triebfeder. Dies wird deutlich, wenn sich ihr Jähzorn nicht allein gegen die Dämonen und das von ihnen verursachte Böse, darunter auch die Häresie, richtet, sondern wider den Sünder und den Häretiker kehrt, „wo es doch absolut keinen gerechten Zorn gegen den Nächsten gibt“![4]

Der Grundirrtum dieser Eiferer, die schon so viel Unheil in der Kirche angerichtet haben, ist also *geistlicher Natur.* Eindringlich warnt Evagrios daher:

> „Billige keine Enthaltsamkeit, die die Sanftmut vertreibt!“[5]

3 *Gn* 44.
4 Vgl. *Or* 24.
5 *Ep* 56,5 gr.

Die Enthaltsamkeit oder „Selbstbeherrschung“ (ἐγκράτεια) ist ein Zaum für das Begehren, gleichwie die sanftmütige Liebe den Jähzorn von widernatürlichen Regungen heilt. *Echt* sind beide indessen nur, wenn sie *zusammen* in der Seele vorhanden sind.[6] Enthaltsamkeit, Askese ohne Liebe, ist keine Tugend, sondern eher ein Laster. Die Dämonen brauchen nämlich weder Schlaf noch Essen und dergleichen ...[7] Wer das nicht begreift, täte besser daran, gar nicht erst den Fuß auf den Pfad der Mönche zu setzen. Evagrios, der ein so hohes, angelisches Ideal des Mönchtums verficht, ist auch der strengste Richter seiner Zunft.

„Besser ein sanfter Weltling
als ein zorniger und wütender Mönch“.[8]

„Besser eine sanftmütige Ehefrau
als eine wütende und zornige Jungfrau“.[9]

Ein solcher falscher „Nasiräer“, der sich heimlich an dem ihm verbotenen „Drachenwein“ des Zornes berauscht, ist ein Betrüger, der die Leute durch „sein heiliges Gewand“[10], das doch in allen seinen Teilen jene Tugenden symbolisiert,[11] die er nicht besitzt, in die Irre führt. Ein solcher Betrug ist nicht ungefährlich.

„Wer Weltlingen Anstoß gibt,
wird nicht ungestraft bleiben,
und wer sie erbittert,
entehrt seinen Namen“[12],

6 *Pr* 35.38.
7 Alphabetikon, (Weisungen der Väter Band 14) Makarios der Ägypter, Spruch 11, S. 180, Beuron 2012.
8 *Mn* 34, vgl. 78.
9 *Vg* 45.
10 *Pr* Prol [9]
11 *Pr* Prol [1]–[7].
12 *Mn* 113.

jenen schönen Namen „Christ" nämlich, der doch von dem abgeleitet ist, der von sich gesagt hat: „Lernet von mir, der ich von Herzen sanft und demütig bin."

Evagrios selbst war nach dem Zeugnis seiner Freunde Palladios und Rufin ein äußerst strenger Asket[13] „von unglaublicher Enthaltsamkeit"[14]. Doch nicht nur seine „Lehre war sehr sanft", auch sein ganzes „Wesen war bescheiden". Der folgende Auszug aus einem seiner persönlichen Briefe liest sich daher wie ein *geistliches Testament*, hinter dem das ganze Gewicht eines aufrichtigen Lebens steht.

„Was mich betrifft, so bin ich einer derer, die die Enthaltsamkeit preisen, und ich bete darum, mit ihr zu leben, zusammen mit Langmut und Liebe. Denn ohne diese, wie soll man die Enthaltsamkeit nennen? Asche ist sie, die vom Feuer zurückgelassen wird, welche die Glut der Liebe verbrannt hat. Denn die Enthaltsamkeit allein gleicht jener törichten Jungfrau, die vom Brautgemach ausgeschlossen ward, weil ihr Öl ausging und ihre Lampe erlosch.[15] ‚Lampe' nenne ich den Intellekt, der dazu erschaffen ward, das selige ‚Licht' aufzunehmen[16] und der um seiner Verhärtung willen von der Erkenntnis Gottes abgefallen ist. Dort nämlich, wo das ‚Öl' mangelt,[17] herrscht Zorn. Dies hätte ich euch zu sagen, meine geliebten Brüder".[18]

Wie anders sähe die *Geschichte der Kirche*, die doch die Gründung des „Sanften" ist, aus, wenn ihre Glieder, Hirten und Herde, diese „sanfte Lehre" aufrichtiger beherzigen würden. Auch und gerade dann, wenn es um die Wahrheit und damit um den „rechten Glauben" geht.

---

13 *Vita* Kap. B.C.D.
14 *HM* XXVII (7,3).
15 Mt 25,1ff.
16 „Licht" ist hier Symbol der *Erkenntnis*; vgl. *Ep* 28, Anm. 3.
17 Symbol der „heiligen Liebe"; vgl. *KG* IV,25 und *Ep* 28, Anm. 4.
18 *Ep* 28,1.

„Der Zorn verschleudert die Erkenntnis,
Langmut sammelt sie ein“.[19]

Man täusche sich nicht, der Zorn „blendet“ nicht nur den, der objektiv von der Wahrheit abgewichen und zum „Häretiker“ geworden ist, sondern auch den, dem sie anvertraut wurde und der sie zu verteidigen sucht. Wie soll es da „wahre Erkenntnis“ geben, wo man voll Zorn und Groll tatsächliche oder vermeintliche „Häresien“ bekämpft, d. h. uneingestandenermaßen ja zumeist einen bestimmten Mitchristen, den man der Häresie verdächtigt? Da mag einer ein noch so großer Faster oder Asket sein, wenn er stattdessen von anderen Leidenschaften, namentlich von Groll, Zorn, eitlem Ruhm und Überheblichkeit überschwemmt wird, dann nutzt ihm seine Enthaltsamkeit wenig.

„Sei nicht unkritisch, ich bitte dich, und meine nicht,
dass allein die Fastenden die Erkenntnis Gottes empfangen!
Mit einer Planke wird kein Schiff vollendet,
noch mit einem Ziegel ein Haus gebaut“.[20]

Der kluge Mann hält sich, wenn „die Welt in Aufruhr“ ist, fern von allen „verderblichen Diskussionen“[21]. Denn was anderes bringen sie hervor, als jene „Spaltungen der Kirche des Herrn“, die auch nichts anderes sind als bittere Früchte des Zorns? Das Urteil des Evagrios ist hier von prophetischer Strenge.

„Wer die Kirche des Herrn in Verwirrung stürzt,
den wird das Feuer verzehren,
und wer dem Priester widersteht,
den wird die Erde verschlingen“[22],

19 *Mn* 35.
20 *Ep* 52,6.
21 *Ep* 52,5.
22 *Mn* 114. Der „Priester“ meint hier den Bischof.

ganz wie einst die gegen Moses und Aaron rebellierende „Rotte Korach“[23]. Das „Rauchwerk“ dieser zornigen Aufrührer nimmt der Herr nicht an, denn ihr Gebet ist ihm widerlich.[24] Auch hier ist Evagrios daher wieder kategorisch.

> „Die die Kirche des Herrn spalten, sind weit entfernt vom reinen Gebet!“[25]

Das von allen Leidenschaften, vor allem aber von Gedanken des Zorns „reine“ Gebet ist ein überaus hohes Gut. Die Dämonen lassen daher nichts unversucht, um es zu „trüben“. Zu diesem Zweck überhäufen sie namentlich die, die es im geistlichen Leben bereits sehr weit gebracht haben, mit Verleumdungen aller Art, um sie zum Zorn zu reizen.[26]

> „Die Dämonen lassen nicht ab, den Gnostiker zu verleumden, auch wenn er keinen Fehler begangen hat, um seinen Intellekt zu sich hin zu ziehen. Eine Wolke breitet sich nämlich um den Intellekt aus und führt ihn weg von der Kontemplation zur Zeit, da er die Dämonen als Verleumder überführt“.[27]

Wenn die „Verleumder“ dies schon mit einigem Erfolg bei den Schuldlosen zuwege bringen, „was werden sie dann tun, wenn sie einen solchen Vorwand finden“ wie eine „Spaltung der Kirche des Herrn“?[28]

Was soll man schließlich von jener *Unversöhnlichkeit* halten, einer anderen Form des Grolls, der „Erinnerung an [wirklich oder vermeintlich erlittenes][29] Böses“, die jede Versöhnung unmöglich macht?

---

23 Vgl. Num 16,1ff.
24 Vgl. *O. sp.* 4,18.
25 *Ep* 52,5.
26 Vgl. *Gn* 32.
27 *KG* III,90 gr.
28 *Ep* 52,2.
29 *Pr* 11.

> „Diese Sanftmut [des Moses] lehre deine Brüder, und tu dich nicht schwer, die Reue für den Zorn anzunehmen“[30],

mahnt Evagrios eindringlich in demselben Brief, in dem es auch heißt, dass „kein anderes Übel den Intellekt so zum Dämon macht, wie der Zorn“. Um die „Einmütigkeit der Kirche“ wiederherzustellen, ist, wie Evagrios [wohl an den Bischof Johannes II. von Jerusalem] schreibt, beides nötig, Sanftmut und Festigkeit[31]: Sanftmut den Irrenden gegenüber und Festigkeit dem Irrtum gegenüber.

Ob diese „sehr sanfte Lehre“ des Evagrios, der es doch keineswegs an innerer Festigkeit mangelt, den Christen nicht auch heute den Weg zurück zu jenem „Zusammenklang der vernünftigen Seelen, die dasselbe sagen und unter denen es keine Schismen gibt“[32], zu weisen vermöchte, die ihnen nun schon so lange abhanden gekommen ist? Denn dieser „Zusammenklang“ (συμφονία) wie in einem vielstimmigen „Chor“ ist ja keine, menschlich zwar verständliche, im Grunde aber doch utopische Zukunftsvision, sondern eine göttliche *Gabe*, die uns Christus vom Vater her erbeten und auch erlangt hat,[33] und die man nur in Demut *bewahren* kann, indem man in ihr „bleibt“[34], bzw. zu der man in aufrichtiger Reue *zurückkehren*[35] muss, wenn man sie verloren hat.

30 *Ep* 56,4 gr.
31 *Ep* 24,2.
32 *in Ps* 150,4 a ε.
33 Joh 17.
34 Joh 15.
35 Offb 2,5.

# Literaturhinweise

# LITERATURHINWEISE

## Abkürzungsverzeichnis – Werke des Evagrios Pontikos

*Ant* *Antirrhetikos*, ed. W. FRANKENBERG, Evagrius Pontikus, Berlin 1912.

*Ant Prol* *Prolog des Antirrhetikos*, vgl. G. BUNGE, Evagrios Pontikos: Der Prolog des *Antirrhetikos*, Studia Monastica 39 (1997), 77–105.

*Ep* *Epistulae* LXII, ed. FRANKENBERG, a. a. O. Übersetzung G. BUNGE, Evagrios Pontikos. *Briefe aus der Wüste*, Trier 1986. Griechische Fragmente: C. GUILLAUMONT, «Fragment grecs inédits d'Évagre le Pontique», *TU* 133 (1987), 209–221. P. GÉHIN, «Nouveaux fragments des lettres d'Évagre», *Revue d'Histoire des Textes* 24, (1994) 117–147.

*Ep. fid.* *Epistula fidei*, ed. J. GRIBOMONT, in M. FORLIN-PATRUCCO, Basilio di Cesarea, *Le lettere*, vol. I, Turin 1983, 84–113. Deutsche Übersetzung in G. BUNGE, *Briefe*.

*Ep. Mel.* *Epistula ad Melaniam*, éd. FRANKENBERG, a.a.O.; G. Vitestam, Seconde partie du traité, qui passe sous le nom de „La grande lettre d'Évagre le Pontique à Mélanie l'ancienne", Lund 1964. Deutsche Übersetzung in G. BUNGE, Briefe.

*Eul* *Tractatus ad Eulogium monachum*, PG 79,1093–1140.

*Gn* *Gnostikos*, ed. A. und C. GUILLAUMONT, Évagre le Pontique. Le Gnostique ou A celui qui est devenu digne de la science, SC 356, Paris 1989.

*in Eccl* *Scholia in Ecclesiasten*, ed. P. GÉHIN, Évagre le Pontique, Scholies à l'Ecclésiaste, SC 397, Paris 1993.

| | |
|---|---|
| *in Prov* | *Scholia in Proverbia,* ed. P. GÉHIN, Évagre le Pontique, Scholies aux Proverbes, SC 340, Paris 1987. |
| *in Ps* | *Scholia in Psalmos.* Mit freundlicher Erlaubnis von Mlle.-M.-J. RONDEAU, die eine kritische Ausgabe dieses Werkes vorbereitet, benutzen wir die von ihr erstellte Kollation der Handschrift *Vaticanus graecus* 754. Vgl. auch dies, Le commentaire sur les Psaumes d'Évagre le Pontique», *OCP* 26 (1960), 307–348. |
| *Inst. mon.* | *Institutio ad Monachos,* PG 79,1236–1240. Supplément ed. J. MUYLDERMANS, «Evagriana», Le Muséon 51, (1938), 198ff. |
| *KG* | *Kephalaia Gnostika,* ed. A. GUILLAUMONT, Les six Centuries des „Képhalaia Gnostica d'Évagre le Pontique", PO 28, Paris 1958. |
| *M. c.* | *De diversis malignis cogitationibus,* ed. P. GÉHIN, C. GUILLAUMONT, A. GUILLAUMONT, Évagre le Pontique, Sur les Pensées, SC 438, Paris 1998. |
| *Mn* | *Sententiae ad monachos,* ed. H. GRESSMANN, Nonnenspiegel und Mönchsspiegel des Evagrios Pontikos, TU 39,3 Leipzig 1913, 143–165. |
| *Or* | *De oratione tractatus,* PG 79,1165–1200, korrigiert durch Coislin 109 und *Philokalia,* vol. I, Athen 1957, 176ff, deren Nummerierung wir auch übernehmen. |
| *O. sp.* | *Tractatus de octo spiritibus malitiae,* PG 79,1145–1164. Übersetzung G. BUNGE, Evagrios Pontikos. *Über die acht Gedanken,* Würzburg 1992. |
| *Pr* | *Capita practica ad Anatolium,* ed A. et C. GUILLAUMONT, Évagre le Pontique. Traité pratique ou Le moine, SC 170– |

171, Paris 1971. Übersetzung G. BUNGE, Evagrios Pontikos. Praktikos oder Der Mönch, Köln 1989.

*Sent* — *Sexti Pythagorici, Clitarchi, Evagrii Pontici Sententiae,* ed. A. ELTER, Leipzig 1892.

*Sk* — *Skemmata,* ed. J. MUYLDERMANS, *Evagriana,* Extrait de la revue *Le Muséon* XLIV, augmenté de: «Nouveaux fragments grecs inédits», Paris 1931, 38ff.

*Vg* — *Sententiae ad Virginem,* ed GRESSMANN, vgl. *Mn*

*Vit* — *De vitiis quae opposite sunt virtutibus,* PG 79,1140ff.

## Abkürzungsverzeichnis – Andere Quellenschriften

*Conl* — Johannes Cassianus, *Conlationes,* ed M. PETSCHENIG, in E. PICHERY, *Jean Cassien, Conférences,* SC 42/54/64, Paris 1955/1958/1959.

*HL* — Palladios, *Historia Lausiaca,* ed. C. BUTLER, Cambridge 1898 und 1904.

*HL syr.* — id. syrische Version, ed R. DRAGUET, Les formes syriaques de la *matière de l'Histoire Lausiaque CSCO* 389/390 et 398/399), Löwen 1979.

*HM* — Rufinus, *Historia monachorum in Aegypto,* ed. E. SCHULZ-FLÜGEL, Berlin 1990.

*Vita* — Palladios, *Vita Evagrii coptice,* vgl. G. BUNGE – A. de Vogüé, Quatre ermites égyptiens d'après les fragments coptes d l'Histoire Lausiaque *SO* 60, Bellefontaine 1994, 153–175.

## Kleines Literaturverzeichnis zu Evagrios Pontikos

**GABRIEL BUNGE, „Der mystische Sinn der Schrift".** Anlässlich der Veröffentlichung der Scholien zum Ecclesiasten des Evagrios Pontikos, in: Studia Monastica 36 (1994), 135–146.

**Ders., Evagrios Pontikos.** Briefe aus der Wüste. Paulinus Trier, 1986. (Sophia Band 24). Beuroner Kunstverlag, 2. durchgesehene und verbesserte Auflage 2013 (Weisungen der Väter 18).

**Ders., „Nach dem Intellekt leben".** Zum sog. „Intellektualismus" der evagrianischen Mystik, in: „Simandron – Der Wachklopfer", Festschrift für Klaus Gamber, herausgegeben von W. Nyssen, Köln 1989, 95–109.

**Ders., Akedia.** Die geistliche Lehre des Evagrios Pontikos vom Überdruss, Würzburg, Verlag Christlicher Osten, 4. Auflage 1995. Beuroner Kunstverlag, 7. überarbeitete Auflage 2017.

**Ders., Irdene Gefäße.** Die Praxis des persönlichen Gebetes nach der Überlieferung der heiligen Väter. Würzburg, Verlag Christlicher Osten, 1. Auflage 1996. Beuroner Kunstverlag, 5. überarbeitete Auflage 2017.

**Ders., Geistliche Vaterschaft.** Christliche Gnosis bei Evagrios Pontikos. Regensburg 1988; 2. Auflage (EREMOS 1) LIT Verlag Münster 2010.

**Ders., Evagrios Pontikos.** DER PRAKTIKOS oder DER MÖNCH. Hundert Kapitel über das geistliche Leben. (Koinoia – Oriens XXXII), Köln 1989. – (Weisungen der Väter 6) Beuron [2]2008, Beuron [3]2011.

**Ders., DAS GEISTGEBET.** Studien zum Traktat DE ORATIONE des Evagrios Pontikos, (Koinonia – Oriens XXV), Köln 1987.

**Ders., Mysterium Unitatis.** Der Gedanke der Einheit von Schöpfer und Geschöpf in der evagrianischen Mystik, in: Freiburger Zeitschrift für Philosophie und Theologie 36 (1989), 449–469.

**J. MUYLDERMANS**

ed., Vitae Supplement, in: Le Muséon 54 (1941) 5.
Alain Le Boulluec, Clément d'Alexandrie. Les Stromates, Stromates V, SC 279 (Paris 1981).

**Louis Theophile LEFORT, A propos d'un aphorisme d'Evagrius Ponticus**; in: Académie Royale de Belgique. Bulletin de la classe des lettres et des sciences morales et politique, 5e série, tomus 36 (1950), 70–79.

**Gregor der Große: Der hl. Benedikt** – Buch II der Dialoge (lateinisch-deutsch); hrsg. i. A. der Salzburger Äbtekonferenz, EOS-Verl., St. Ottilien, 1995.

**Salamanes Hermaias Sozomenos, Historia Ecclesiasica** (HE) VI,30 (PG 67,1384 B).

**Philokalie**
**der heiligen Väter der Nüchternheit**
6 Bände
17 x 24 cm | 2566 S. | Gebunden, im Schmuckschuber
ISBN 978-3-87071-340-9

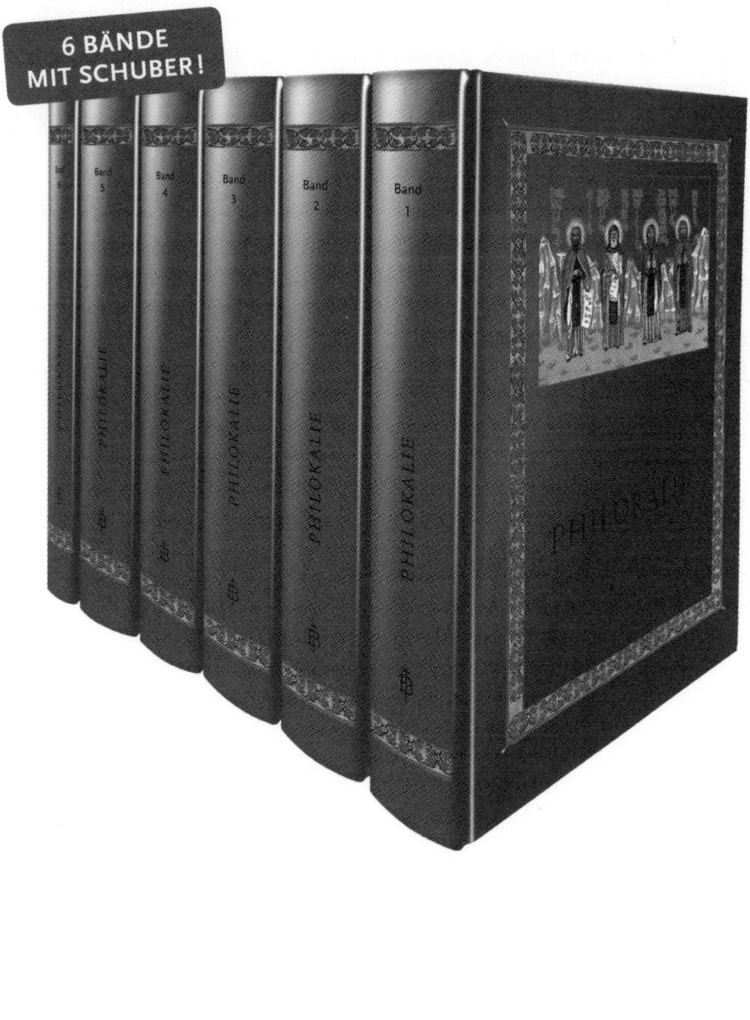

Gabriel Bunge
**Akedia**
Die geistliche Lehre des Evagrios Pontikos vom Überdruss
14,8 x 21 cm | 168 Seiten | Gebunden
ISBN 978-3-87071-347-8

Die spirituellen Erfahrungen, die Evagrios Pontikos bereits im 4. Jahrhundert in Ägyptens Wüste sammelte, sind bis heute aktuell. Versuchungen wie Überdruss und Trägheit identifizierte Evagrios als Herausforderung, denen es entgegenzutreten galt.

Gabriel Bunge
**Der andere Paraklet**
Die Ikone der heiligen Dreifaltigkeit des Malermönchs Andrej Rubljov
14,8 x 21 cm | 144 Seiten | Gebunden
ISBN 978-3-87071-361-4

Die Ikone der Heiligen Dreifaltigkeit des Heiligen und Malermönchs Andrej Rubljov hat zu allen Zeiten größtes Interesse erregt. Alte Schriften berichten von den Umständen ihrer Entstehung, moderne Autoren widmen ihr eine ständig wachsende Zahl von theologischer und kunstgeschichtlicher Untersuchungen. Es dürfte wohl kaum eine zweite Ikone geben, über die soviel geschrieben worden ist.

Gabriel Bunge
**Irdene Gefäße**
Die Praxis des persönlichen Gebetes nach der Überlieferung der heiligen Väter
14,8 × 21 cm | 192 Seiten | Gebunden
ISBN 978-3-87071-348-5

Thema des Buches ist die Praxis des Gebetes. „Vom Herrn beten lernen“ bedeutet, alle jene Weisen, Formen und Gesten, in denen dieses Beten seinen ihm gemäßen Ausdruck findet, kennen zu lernen. Dies war die Meinung der Väter, für die es sich hier um zeitlose, wesentliche Formen handelt.
Das persönliche Gebet, um das es hier im Besonderen geht, ist das sichere Fundament nicht nur des geistlichen Lebens, sondern auch des gemeinsamen liturgischen Betens. Dieses Fundament ist für den Christen die Kirche, von deren Leben und Glauben die apostolische und patristische Tradition Zeugnis gibt.

Zudem möchten wie Sie auch auf die 26 Bände umfassende und vielbeachtete Sammlung der Reihe „Weisungen der Väter“ hinweisen. Sie finden die Titel beim Beuroner Kunstverlag unter: www.klosterkunst.de